日下舊聞卷二

形勝

燕東有朝鮮遼東北有林胡樓煩西有雲中九原南有滹沱易水民雖不佃作而足於棗栗此所謂天府者也 戰國策

燕亦勃碣之間一都會也南通齊趙東北邊上谷至遼東北隣烏桓夫餘東綰穢貉朝鮮眞番之利 史記

燕之涿薊富冠海內爲天下名都 鹽鐵論

燕却背沙漠進臨易水西至君都東至於遼長蛇帶塞險陸相乘也 河圖括地象

富弼上仁宗封事云松亭關古北口居庸關爲中原險要又河朔士卒精悍與他道不類得其心可以爲用失其心則大可以爲患安得不留意於此而輕視哉 國朝名臣奏議

冀都山脉從雲中發來前則黃河環繞泰山聳左爲龍華山聳右爲虎嵩爲前案淮南諸山爲第二重案江南五嶺諸山爲第三重案故古今建都之地莫過於冀所謂無風以散之有水以界之也 朱子語類

南京戸口三十萬大內壯麗城北有市陸海百貨聚於其中僧居佛寺冠於北方錦繡組綺精絶天下膏腴蔬蓏果實稻粱之類靡不畢出而桑柘麻麥羊豕雉兎不問可知石晉末割棄已前其中番漢雜鬭勝負不相當既築城後遠望數十里間宛然如帶回環繚繞形勢雄傑眞用武之國也 契丹志

李清臣議戎策云燕古爲瀕山多馬之國其土莽平宜畜牧耕稼其民翹健便弓矢習騎射樂鬬輕死戰國時爲燕唐爲范陽節度夫燕一國也范陽一鎮也以一國之力獨立幾八百年遂與周室終始是其力足以扞邊圉也范陽一鎮之地宿兵不滿數萬而奚契丹不能輒苦趙魏滄景者其力足以制之也今以天下之力而不勝其勞敝以天下之地而懔懔常爲憂其故何也燕國有朝鮮遼東雲中九原樓煩易水以爲之塞范陽有盧龍古北松亭狐門之要以爲之守用力少而塞之易此其能以一國一鎮截然中立而不懼也自石晉割幽薊檀順嬀儒武應寰朔涿蔚賂戎以市天下而營平易亦陷于契丹阻固扼塞我皆失之而劃滄覇瓦橋信安安

肅廣信保定常山忻嵐火山寧化千里平廣之地以爲界戎馬馳突去來如股掌之上此天下之所以不勝勞敝而懔懔常爲憂也契丹之侵我易我守之葢難故時平而屯戍之費不得息契丹之覘中國也近中國備契丹之處也多故力勞而勢葢分間有憂國之將不過廣塘水而已使土在其外而爲沮洳于腹中闕河川泉瀆灌廬墓耕牧之地包七州廣數百里東起泥沽海口西達邊吳淀堆蒲藻魚蜯生之而粒食皆漕取于內地并西山尚缺百里曾未足限隔戎馬而邊民喪其業矣譬之千金之家寇盗在藩墻之內不治格鬬攘郤之具而方施塹閫下以爲守盗者從而笑之塘水是也聖宋文選

自雄州東際于海多積水契丹患之未嘗敢由此路入寇順安軍西至北平二百里地平廣無隔閡每由此入議者以爲宜度地形高下因水陸之便建阡陌浚溝洫益樹五稼以實邊廩而限戎馬雍熙後數用兵岐溝君子舘敗衂之後河朔之民農桑失業多閑田且戍兵增倍端拱二年以左諫議大夫陳恕右諫議大夫樊知古等經營之恕密奏戍卒皆隋游仰食縣官一旦使冬被甲兵春執耒耜恐變生不測營田之議遂寢 文獻通考

知雄州何承矩上言兵家有三陣日月風雲天陣也山林水泉地陣也兵車士卒人陣也今用地陣而設險以水泉而設固建爲陂塘亘連滄海縱有突騎何懼奔衝今順安西至西山地雖數軍路纔百里卽有丘陵岡阜亦多川瀆泉源倘因而廣之制爲塘埭則可以戢寇騎

息邊患矣 太平治迹統類

契丹使劉六符謂賈昌朝曰塘濼何爲者耶一葦可杭投箠可平不然決其堤十萬土囊遂可得而路矣仁宗以問王拱辰對曰兵事尚詭彼誠有謀不應以語敵此六符夸言耳設險守固先王不廢也 宋仁宗實錄

飛狐古北之口所謂險阻也幽燕割而險阻之地悉歸于契丹今之所恃者不過塘濼耳自雄霸以達畿甸平原易野健馬疾馳不半月可至一有不備可不爲之寒心哉 梁谿先生集

從滄州取海上路以數千艘出輕兵三萬趨平州入符家砦口則咫尺燕薊矣 太平治迹統類

宋平燕北羣臣表賀有云舜肇十二州始別冀都之壤周建八百國首疏召奭之封當天津析木之交寶上谷廣陽之勝形勢有金湯之險膏腴號陸海之饒（北盟會編）

尾箕之墟幽冀之區鬱鬱葱葱屹乎皇都峙以西山居庸綠以涿易潞沽山川相繆古今不殊（吳禮部集）

幽燕之地龍蟠虎踞形勢雄偉南控江淮北連朔漠駐蹕之所非此不可（元史）

至元四年正月城京師以為天下本右擁太行左注滄海撫中原正南面枕居庸奠朔方峙萬歲山浚太液池派玉泉通金水縈畿帶甸負山引河壯哉帝居擇此天府（輟耕錄）

元主中夏雖因其邇於陰山以定都而地形之強實甲天下撫據全盛幾將百年一時文章亦頗有奇氣未必非山川形勝風氣之感有以助之也（誠意伯文集）

天下山川形勝雄偉壯麗可為京都者莫逾金陵至若地勢寬厚關塞險固總握中原之衷曠者又莫過燕薊雖云長安有崤函之固洛邑為天地之中要之帝王都會為億萬年太平悠久之基莫金陵燕薊若也（楊文敏公集）

范鎮之賦幽州也曰繩直砥平形勝爽塏木華黎之傳幽燕也曰虎踞龍盤形勢雄偉以今考之是邦之地左環滄海右擁太行北枕居庸南襟河濟形勝甲於天下誠天府之國也究其沿革唐虞則為幽都夏殷皆入冀

地周封堯後於薊封召公於燕正此地也厥後漢曰廣陽晉曰范陽宋曰燕山元曰大興國朝初謂之北平而爲燕府龍潛之地尋建爲北京而謂之順天焉 博物策會

京師形勝甲天下屏山帶海有金湯之固 明輿地指掌圖

京師負重山面平陸地饒魚鹽穀馬果蓏之利又轉東南之粟財貨駢集天險地利足制諸邊汴洛關中江左皆不及也 吾學編

北京雖號稍東北南與餉遠然左滄海右太行風氣敦厚長安之下此其最也 鳳洲筆記

洪武初營汴爲北京則亦周公意也末年東宮營秦則亦婁敬張良藝祖意也而卒不果豈天將以待燕耶成祖之營燕也當時臺諫交口不便主事蕭儀言之尤峻豈未識上意所屬耶成祖曰北平之遷吾與大臣密計數月而後行彼書生之見豈足以達英雄之畧哉 蠙衣生集

張良謂關中用武之地阻三面而守一面東制諸侯今世都燕亦用武之地亦阻三面以一面制天下前之進無窮後之退有限大非關中之比 方輿勝畧

京東負山控海負山則泉深而土澤控海則潮淤而壤沃諸州邑泉從地湧一決而通水與田平一引而至如密雲縣之燕樂莊平谷縣之水峪寺龍家務莊三河縣之唐會莊順慶屯地薊州城北則有黃厓營城西則有

白馬泉鎭國莊城東則有馬伸橋夾林河而下河南則有别山鋪及夾陰流河而下至於陰流淀疏渠皆田也遵化西南平安城夾運河而下及沙河鋪地方又鐵廠湯珠湖以下至韭菜溝上素河下素河百餘里夾河皆可成田豐潤縣南則大寨乃刺榆坨史家河大王莊之地東則榛子鎭西則鵶洪橋夾河五十餘里皆可田玉田縣青莊塢導河可田後湖莊疏河可田三里屯及大泉小泉引泉可田至於瀕海自水道沽關黑巖子墩起至開平衛南宋家營之地東西廣之百餘里南北廣之百八十里皆隸豐潤其地與吳越瀕海之沃區相等昔虞文靖公之議東極遼海南濱青徐瀕海皆可田之地今豐潤實其中境欲舉其議行之玆非其先當致力者

乎蓋先之京東數處而畿內列郡皆可漸而行也先之畿內而西北之地皆可漸而行也在邊陲則先之薊鎭而諸鎭皆可漸而行也至於瀕海則先之豐潤而遼海以東青徐以南皆可漸而行也 潞水客譚

燕山建都自古未嘗有此議也豈以其地逼近邊塞耶自今觀之居庸障其背河濟襟其前山海扼其左紫荆控其右雄山高峙流河如帶誠天造地設以待我國家者且京師建極如人之元首然後須枕藉而前須縣遠自燕而南直抵徐淮沃野千里齊晉爲肩吳楚爲腹閩廣爲足浙海東環滇蜀西抱眞所謂扼天下之吭而拊其背者也且其氣勢之雄大規模之弘遠覩建康偏安之地固已天淵矣 五雜俎

今國家燕都可謂百二山河天府之國但其間有少不便者漕粟仰給東南爾運河自江而淮自淮而黃自黃而汶自汶而衛盈盈衣帶不絕如綫河流一涸則西北之腹盡枵矣元時亦輸粟以供上都其後兼之海運然當群雄干命之時烽烟四起運道梗絕惟有束手就困此京師之第一當慮者也 同上

國家建都幽朔毋論山川峙濯險甲寰區而紫荆扼蜚狐之吭居庸拊上谷之背山海掣元菟之肘其因地利而盡人謀可謂千古石畫 長安客話

漢唐都關中去邊幾千餘里今京師北抵居庸東北抵古北口西南抵紫荆關近者百里遠不過三百里爾 同上

漢唐宋皆並建兩京漢唐以長安爲西京洛陽爲東京宋以汴爲東京洛爲西京其地皆相去不遠高皇帝定鼎金陵文皇帝遷都金臺則跨江河南北而各爲一大都會蓋天下財賦出於東南而金陵爲其會戎馬盛於西北而金臺爲其樞並建兩京用東南之財賦會西北之戎馬無敵於天下矣 圖書編

京師形勝以堪輿家論之玉河之水當直出會南海子從天地壇前轉東入潞河方爲自然崇文門外閘河宜塞之庶幾左臂不斷此乃帝王建都萬代之計也 梓谿集

北京青龍水爲白河出密雲南流至通州城白虎水爲玉河出玉泉山經大内出都城注通惠河與白河合朱

雀水爲盧溝河出大同桑乾入宛平界出盧溝橋元武水爲濕餘高粱黃花鎮川榆河俱繞京師之北而東與白河合 遂窻日錄

太行自西來演迤而北緜亘魏晉燕趙之境東極於醫無閭重岡疊阜擁護而圍繞之不知其幾千里也其東則汪洋大海稍北乃古碣石稍南則九河故道浴日月而浸乾坤所以界之者又如此其直截而廣大也況居直北之地上應天垣之紫微其對面之案以地勢度之則泰岱萬山之宗正當其前夫天之象以北爲極則地之勢亦當以北爲極易曰艮者東北之卦也萬物之所成終而成始也離萬物皆相見南方之卦也聖人南面而聽天下嚮明而治孔子曰爲政以德譬如北辰居其

所而衆星共之今之京師居乎艮位成始成終之地介乎震坎之間出乎震而勞乎坎以受萬物之所歸體乎北極之尊嚮乎離明之光使萬物之廣億兆之多莫不面焉以相見則凡舟車所至人力所通者莫不在於照臨之下自古建都之地上得天時下得地勢中得人心未有過此者也 大學衍義補

京師前挹九河後拱萬山正中表宅水隨龍下自辛而庚環注皇城繞巽而出天造地設 湧幢小品

京師展山帶海有金湯之固眞定以北至於永平關口不下百十而居庸紫荊山海喜峯口古北口黃花鎮險阨尤著 職方圖考

北京上應北辰以象天極南面而聽天下天險地利甲

於關中 治平略

楊雄幽州牧箴蕩蕩平川惟冀之別北阨幽都戎夏交偪伊昔唐虞實爲平陸周末荐臻迫於獯鬻晋溺其陪周使不徂六國擅權燕趙本都東限穢貊羨及東胡強秦北排蒙口域壃大漢初定介狄之荒元戎屢征如風之騰義兵涉潰偃我邊萌既定且康復古虞唐盛不可不圖衰不可或忘隄潰蟻穴器漏鍼芒牧臣司幽敢告侍旁 藝文類聚

李時勉北京賦惟皇明之受天命也我太祖皇帝首仗義師以平暴亂豪傑景從聲振江漢削除僭竊拯民塗炭定鼎金陵撫綏萬邦乃眷兹土實雄朔方倣成周之卜洛欲並建而未遑逮我聖上繼明重光握

乾御極一遵舊章仁聲洋溢乎遐邇恩澤汪濊于八荒既致治于太平遵皇衢以省方仰先志之未遂度弘規以作京羌經營之伊始偏夸夏其懽騰曰惟北都在冀之域右挾太行左據碣石背叠險兮重關面平原兮廣澤宗恒嶽其巍巍鎮醫閭而奕奕冠九州之形勝實爲天府之國是以軒轅邑之以分州唐堯階之以爲帝擴神化以宜民大勳德之光被鬱王氣之所鍾于今兹而有待也於是仰瞻析木俯測地靈龜筮兆吉天人叶應神祇獻珍而山石自出河嶽效順而神木自行民子來兮相續期不日而成功爾乃懋水樹臬識景表營方位既正高下既平群力畢舉百工並興建不拔之丕址拓萬雉之金城引天泉于

西阜環湯池而鏡淸九衢百壓之通達連甍邃宇之縱橫顧壯麗其若此非燕逸而娛情蓋所以强幹而弱枝居重以御輕展皇儀而朝諸侯遵先規而布仁政者也若乃四郊砥平皇道正直視萬國之環拱適居中而建極其南則萬流宗海平林蔽天攬邯鄲鉅鹿之廣衍眺平疇沃野之綿延漕淤恒衛經其野濡磁淶桑滙其前界以大陸廣阿之弘壤扼以大茂井陘之連山包絡趙衛襟帶齊魯膏腴之地綿亘三千餘里而極於黃河伊頡之川其水陸之所產卓犖繁盛蓋莫得而計焉其址則疊嶂崛起層巒蔽虧長城矗乎雲表百泉湧乎山隈壯天關而設險守一夫而莫開偉左盤而右顧宛鳳舞而龍飛實磅礴而鬱積

粤擁衛于邦畿包狼山上谷之阻據野狐獨石之危掩祖山木葉之離立連白登紫塞之逶迤控女直而極乎洮河之北鎮朔漠而逾乎瀚海之湄其東則潞河通漕控引江淮肥如灤淶灌注縈廻連峯片石之隘首陽崆峒之崖固已遐哉邈乎而莫不在乎綏懷環以大海泉水所歸洪濤巨浪洶湧崔嵬蓋不知其幾千萬里而蠻商番舶帆檣隱天上下不絶而往來又有蓬瀛方壺鳳麟聚窟十洲三島靈異非一流精之闕瓊華之室墉城岧嶤金臺岑嵂紫氣丹青景雲矚日靈囿偓佺安期羡門之倫相與從遊於其間出入隱見而恍惚瞻帝京其伊邇庶可見其驂鸞駕鶴之髣髴其西則崇山鬱翠高挹泰岱北接居庸南首

河內奇峯擁關龍門岨臨玉泉垂虹青烟浮黛上巀臬兮倚空下蟠據而際海其麓則有渾河湯湯西湖泱泱鹽溝琉璃桑乾廣陽雪波泛湧灝漾汪洋一瀉千里會流帝鄉又有上林禁苑種植畜牧連郊踰畿緣丘彌谷澤渚川滙若大湖瀛海渺瀰而相屬其中則有奇花珍果嘉樹甘木禽獸魚鼈豐殖繁育颷颷籍籍不可得而盡錄固可以因農隙而校田獵選車徒以講武事乃遵國風稽王制詔期門簡將帥乘玉輅擁翠葢出天關而雷轟轢芳郊而雲會非所以威戎誇狄娛樂騁意葢將取不妊而除蔚害狩無擇而順殺氣謹大易之用於三驅之時驗騶虞之仁於一發之際水衡虞人之容與武夫壯士之奮厲皆知夫

仁者之爲勇而以投石超距之足鄙亦何必殄夷禽獸割鮮野食而以俯仰極樂之爲貴也若夫其宮室之制則損益乎黃帝合宮之宜式遵乎太祖貽謀之艮居高以臨下背陰而面陽奉天凌霄以磊砢謹身鎮極而崢嶸華葢穹崇以造天儼特處乎中央上倣象夫天體之圓下效法乎坤德之方兩觀對峙以嶽立五門高矗乎昊蒼飛閣屼以奠乎四表瓊樓嵬以立於兩旁廟社並列左右相當東崇文華重國家之大本西翊武英嚴齋居而存誠彤庭玉砌璧檻華廊飛簷下啄叢英高驤闢閶闔其蕩蕩儼帝居于將將玉戶燦華星之炯晃璇題納明月而輝煌寶珠焜燿干天闕金龍夭矯于虹梁藻井煥發綺窻玲瓏建瓴

聯絡複道迴衝軼霄漢以上出俯日月而盪胸五采炫映金碧晶熒浮輝揚燿霞彩雲紅其後則奉先之殿仁壽之宮乾清坤寧眇麗穹窿掖庭椒房閨闥通其前則郊建圜丘合祭天地山川壇壝恭肅明祀至於五軍庶府之司六卿百僚之位嚴署宇之齋設比館舍而羅置列大明之東西劃文武而制異至於京尹赤縣之治所王侯貴戚之邸第辟廱成均育賢之地守羽林而掌佽飛者至九十而有四衛莫不井列而碁布各雄壯而偉麗其巖廊之上則有臯夔稷契之倫元凱俊乂之輩相與賡虞廷之歌談羲農之際發補袞之能懷忠貞之志考禮文于大備贊聲樂之盡美是以朝無缺政德教漸曁薄海內外均陶至

治幸其有作聿來趨事成此大功忘其劬勩人和既極休徵滋至慶雲瑞靄之覆于闕庭素烏玄兎之獻于丹陛醴泉屢出甘露數墜麒麟騶虞之珍馴獅天馬之類紛紜雜遝莫能殫記于以見天眷之益隆而聖德之純備者也於是正月上日工既訖工爰告成于天地肆紹美于祖宗清心凝慮齋沐肅雍粢盛既絜牲牷既豐芬郁郁以旁達靈繽繽其來降錫嘉貺之穰穰介景福于帝躬將順應于昌期趾盛美于無窮乃服衮冕御帝座開九重之深宮受萬邦之朝賀內侯甸而要荒外殊方而異俗胥近悅而遠來紛鼓舞而匍匐方物溢以充庭參絢爛而駭矚幸蹈舞于階墀效華封之三祝爾乃淡和會昭景鑠鏗鏘鐘奏

雅樂詺光祿以開筵合百僻而燕樂饌珍玉兮芳馨壘瓊漿以斟酌聯貂蟬兮夾陛雜蠻夷之荒服莫不酣暢而飽德咸頌歌而踴躍越塡城而溢郭藹歡聲于寥廓斯可以媲太古之無爲慶華胥而蹈栗陸顧皇上之謙抑視至治爲未足於是降德音播嘉惠省刑罰薄賦稅汰冗濫旌廉吏舉賢才擢俊乂發倉廩賑貧匱尊高年而禮有德慎防禦而修武備貴爵重賞以厲廉耻厚往薄來以馭四裔蓋欲使人知所本士知所勵四方萬國無一民之失所窮陬僻壤無一物之不遂舉陶于春風和煦之中而樂于雍熙泰和之治此蓋堯舜兢業之心文王敬止之意所以紹鴻業繼先志益宏遠而有偉故不勞而甚易冠絕乎前古垂休於後世固可必聖子之與神孫益昌盛而無替小臣微陋忝職文字願賦帝都之盛槩揚國美於萬禩復爲之歌曰煌煌帝都兮逾鎬豐阻山帶河兮壯以雄天開日明兮王氣所鍾穹窿造天兮惟帝之宮廓氛祲兮開溟濛鎭夷夏兮宜皇風王道平平兮四方來同願皇圖之鞏固歷萬世兮無窮 古廉集

金幼孜皇都大一統賦洪惟天朝太祖高皇帝誕膺景命龍飛淮甸旣渡大江遂都金陵撫有區夏肇造洪基以開萬世太平之業逮我皇上繼承大統克紹丕圖仁恩誕敷聲教洋溢雨暘應期民物阜蕃薄海內外罔不率從而自莅阼以來宵旰拳拳惟思所以繼志述事以承太祖高皇帝之意於是倣古制肇建

兩京以爲北京實當天下之中陰陽所和寒暑弗爽四方貢賦道里適均且沃壤千里水有九河滄溟之雄山有太行居庸之固玉泉之流經緯乎禁籞之中碣石之壯盤踞乎畿甸之内故其山川之壯觀風氣之清淑眞有以卓冠四方爲萬國之都會誠帝王子孫萬萬世太平悠久之基由是勑冬官洎内外文武百執事經營於兹而凡民庶士卒工匠之流莫不駿奔子來趨事赴工罔敢或後遂至天意人心感孚和同靈應疊臻嘉祥屢薦不數年間厥功告成而宫闕府庫之宏壯郊廟社稷之嚴肅朝市民物之鉅麗秩乎其有序井乎其具列葢自古先帝王都邑之盛未有逾于此者乃永樂辛丑春正月朔旦皇上御奉天

殿大朝海内文武群臣四方蠻夷酋長率皆在庭踴躍鼓舞以爲皇都之奇麗若此誠曠古所未見而未有者而所以爲皇上萬壽之徵宗社磐石之固聖子神孫寶祚綿延之慶皆兆于此矣何其盛哉臣幼居禁苑職業文詞幸際昌期躬覩盛美謹鋪張爲賦以彰太平之偉烈且以昭示於無窮其辭曰維太祖之受命膺上天之禎符奮布衣於淮右提一劍而長驅乃剪夷于群醜悉蕩滌于寰區既渡大江金陵是都虎踞龍蟠與王之居爰啟鴻業肇開皇圖振光華于曠古恢萬世于弘模繄我聖皇祗膺寶曆奉天勤民太祖是式恩覃九圍仁周八極雨暘應期民物豊植覩四方之清寧乃有念于京邑維此北京太祖所屬

天造地設靈鍾秀毓總交會于陰陽盡灌輸于海陸南臨鉅野東瞰滄瀛西有太行之巀嵲北有居庸之峥嶸瀉玉泉之透迤貫金河而廻縈瓊島上聳以盤礴太液下澈而泓澄將繼志而述事必於此而經營乃勅群工乃命百職萬方子來効勤殫力萃四海之良材伐南山之鉅石感恩意之昭孚戒經營而弗亟於是天心協順靈應彌彰布輪囷之卿雲發璀璨之祥光醴泉湧其浩浩甘露下其瀼瀼赫萬靈之呵護藹瑞氣于穹蒼乃卜良辰乃蠲吉日以相以度以構宮室棟宇崇崇簷楹秩秩以葢以覆陶冶埏埴以繪以圖黝堊丹漆煥五采之輝煌作九重之嚴密天地洞開馳道相連金鋪絢日玉柱凌烟星羅碁列璧璨珠聯虹飛霞擁龍翔鳳騫超凌氛埃壯觀宇宙規模恢廓次第畢就奉天屹乎其前謹身儼乎其後惟華葢之在中竦摩空之偉構文華翼其在左武英峙其在右乾清並耀于坤寧大善齊輝於仁壽豁千門之雲矗敞萬戶之輻湊至若丹闕巍巍飛觀凌空觚稜上聳閣道遥通左祖右社蔚乎穹窿有壇有壝有寢有宮亦有天地以嚴其崇復有石渠天祿以蓄圖書玲瓏綺錢照耀文疏懸牙籤之萬軸列緗帙之紛如宛奎璧之宵映粲藜燈之夜嘘瀛洲文學之士閬苑列仙之儒備顧問於朝夕咸欽仰於聖謨又若大庖光祿列乎西東珍羞駢羅玉食惟豐禁城之下金水溶溶畫棟凌雲繡柱含空璇題耀日綠橋駕虹雕甍

隱暎寶殿玲瓏太孫所居諸王之宮金枝玉葉照耀
層空育德講學宴適游從若夫御苑逶迤上林深邃
有山有泉爲臺爲沼巖谷谽谺雲霞縈繞走有奇獸
飛有靈鳥樂寬閒以棲息恣回翔以馴擾復有天閑
十二駿骨軒昂渥洼神龍之種大宛名駒之良並權
奇而雄傑或磊落而騰驤又若廩庾輪囷惟萬惟億
豐歲所儲累世之積玉粒金稃露積充溢國用所資
人足家給復有武庫巍峩戈矛森列旗幟搖雲鎧甲
耀雪凜凜白旄差差黃鉞四征不庭以彰九伐奮軍
聲之揚揚振皇威之赫赫又若內帑充牣寶藏紆餘
奇珍異產海匯河輸夜光之璧明月之珠琉璃翡翠
瑪瑙珊瑚硨璖琥珀火齊璠璵錦繡迤邐羅綺芬敷

又若百司庶府有綱有目文武頡頏爲國鈞軸太學
郡庠之並建琳宮梵宇之森矗列九衢之坦坦引六
街而相續閭閻櫛比闤闠雲簇鱗鱗其甍盤盤其屋
馬馳聯轡車行擊轂紛紜並驅雜遝相逐富商巨賈
道路相屬有貨塡委丘積山蓄又若歌樓舞榭艷態
穠粧羅袖回雪清聲遶梁管絃嘔啞狎坐傳觴娛青
陽之麗景駐白日之飛光維小大之不遺仰制度之
畢備斯皆聖智之籌謀實出宸衷之經緯儼氣象之
一新壯規模於萬世屹鴻基之豐隆偉山河之巨麗
貽子孫以嘉猷紹先皇之初志邁豐鎬之舊規軼漢
唐之遺制於是厥功告成慶叶天人乃歲辛丑維孟
之春王正之月朔旦良辰聖皇臨御大朝群臣內外

文武濟濟彬彬戎狄蠻貊工商士民稽首嵩呼抃舞歡欣筐篚具列方物畢陳以饗以餔洽此皇仁大一統而無外謌至和於八垠臣忝詞垣叨職文字懷眷寵之彌深愧涓埃之無補際千載之良逢幸微生之快覩傳盛事於將來奚往牒之足數祝聖壽於萬年播皇猷于千古 金文靖公集

楊榮皇都大一統賦維皇明之有天下也於赫太祖受命而興龍飛淮甸風雲依乘恢拓四方弗遑經營既渡江左乃都金陵金陵之都王氣所鍾石城虎踞之險鍾山龍盤之雄偉長江之天塹勢百折而流東爛後湖之環遶湛寶鏡之涵空狀江南之佳麗滙萬國之朝宗此其大畧也迨于聖皇嗣大一統剛健日新聰明天縱囿四海以爲家登群賢而致用思繼志之所先惟都邑之爲重於是天意鑒觀人心和同神靈效順龜筮協從既應天以順時爰辨方而正位視往聖而獨超繼高皇之先志乃相乃度載經載營眷茲北京山川炳靈其爲形勢也西接太行東臨碣石鉅野亘其南居庸控其北勢拔地以崢嶸氣摩空而崱屴復有玉泉漫流宛若垂虹金河澄波雪練涵空膏渟黛蓄浩渺冲融包絡經緯混混無窮貫天河而爲一與瀛海其相通爾其泒連析津源分潞水既環抱以縈廻亦瀰茫而清泚來職貢於四方通檣帆於萬里至若王畿之內輦轂之間沃野彌望原陸寛閒烟火相接鷄犬相聞宵無警柝外戸不關以牧則蕃

以種則穫以佃以漁以耕以鑿隨其所營皆得其樂而其爲都也四方道里之適均萬國朝覲之所同梯航玉帛爲都邑之會陰陽風雨當天地之中爰勑臣庶爰伐材木南浮湖湘西入巴蜀斧披虹霓聲撼山谷徂徠之儲新甫之蓄楩楠杞梓杉櫧檉櫨梢横青天根連地軸鉅細畢輸長短悉錄駕雲車之百輛振龍驤之萬斛紛紜輻湊彌布川陸厥材之良不一而足若乃美石比玉從古所稱瑩者如圭縈者如瓊温者若璐潤者若瑛以磨以礱乃堅乃貞鏗林振墼馳颷驚霆千夫所攻萬里啟行山靈助其光華坤后發其精英豈碔砆之敢混實寶玉之爭呈若夫坎離播功坤艮合德出於陶冶成于埏埴飛紫𧮰於半空結祥烟于八極或規以圓或矩以方粲琉璃之一色耀文采于中央或肖形于獸吻或擬質于鴛鴦於是良時載啟吉旦既卜臣庶駿奔滃若雲矗源源其來登登其築百堵皆興萬夫相屬行若魚貫立若鱗蹙斧斤揮霍尺度攢簇由是賁育効力公輸獻奇曰殳曰斯伯與暨倕攄厥巧思運厥神機各効其能以見於爲顧小善之並錄矧妙伎之或遺群材磥磊以山積鉅棟騰躍而翬飛爾乃九門洞開三殿攸建觚稜雲聳丹漆霞絢輦路逶迤閣道廻轉華蓋屹立乎中央奉天端拱乎南面其北則有坤寧之域乾清之宫琁題耀日寶柱凌空金鋪璀璨綺疏玲瓏珠玉炫爛錦繡丰茸葳蕤起鳳夭矯盤龍千門瑞靄萬戸春融其

南則有午門端門左掖右掖丹闕峙而上聳黃道正而下直谿大明之高張屹正陽之拱挹繚周廬之穹崇蔽重甍之護翼其左則有宗廟之祀以奉祖考仰在天之神靈隆萬古之尊號謹歲時之烝嘗薦純誠于蘋藻其右則有社稷之靈以崇祀享汎壇壝之肅清通神祇于肹蠁爰春祈而秋報用昭答于靈貺若夫乾清之前門列先後日精月華之對峙景運隆宗之並搆謹身翼乎其前仁壽屹乎其右又有奉先之祠大善之殿文樓武樓之特聳左順右順之並建若乃震位毓德文華穹窿亦有武英寶爲齋宮有天財寶藏以貯珍貨有大亨光祿以典飧饔寶善在左以翼翼思善居右而崇崇若夫欽安之後珠宮貝闕藻

繡交耀雕櫳巖窠六宮備陳七所在列親蠶有館繅絲有室二南詠歌播于篇什輔德相承風化洋溢皇城之外殿宇魁渠有翼有嚴太孫之居金水之濱瑤階玉除梁棟巍巍上凌太虛爲諸王宮翊衛皇圖星羅棊布以臨九衢至若文淵之閣秘書之府纂述乎今儲蓄乎古汗牛充棟莫知其數牙籤邇邐緗帙旁午綮奎璧之上連赫虹霓之夜吐若夫飛閣峩峩實爲承天繡楹霧簇書拱星聯踞石猊之盤礴竦華表之歸然至若南郊之設特超古制圜丘方丘不岐以二合祀于中父母天地壇分内外二十有四群祀有典百神有位惟我太祖實配上帝乃歲孟春三陽之始吉日斯蠲祀事有備薦以粢盛泛以醴齊豆籩秩

秩庭燎晰晰鼓鐘戒嚴鑾輿至止儼對越以升中祝蕃禧之攸萃至若山川有壇先農有祀馬祖旗纛各以時祭寅畏恪恭罔有弗至若夫稽古建官爲民之牧內外相承各率其屬至若黃門給事青瑣仙班典內廷之封駁近咫尺之天顏復有文翰之林詞藝之苑處嚴密之清禁列英華之妙選優游玉堂之署出入金鑾之殿擅瀛洲之美譽承黼扆之清問至若鳳池之職尚寶之司掌絲綸于紫誥典符璽于彤闈有宗人以統天潢之派有銀臺以通喉舌之機若乃六卿分職位躋台鼎贊廟堂之謀謨總藩方之政令至若憲臺之任風紀是司誠耳目之所寄實法度之攸施若夫都府有五軍政是宜奮貔貅之將士耀霜雪

之戈鋋保圖輿於按堵掃絕漠之烽烟至若都邑有庠辟雍有學育才於茲以儲以擢若夫容臺典祀士師明刑錦衣總夫儀衛巡警係于五城鴻臚謹朝謁之禮太僕司監牧之名京畿布列于州郡田野參錯于屯營至若奉神有祠報功有廟梵宇琳宮光輝朗耀倉廩之積如坻如京露積紅粟陳陳相因鎧甲晶熒士卒精銳靡強弗摧靡堅弗碎驊騮騏驥騕褭驌驦宛冀之駿渥洼之良克乎內廄磊落騰驤又有福山後峙秀出雲烟實爲主星聖壽萬年層嶂疊擁奇峯相連鼓鐘有樓其高接天勢若貫珠萬里綿延若乃朝市既成井邑斯列閭閻輻湊闤闠有截豁九達之通衢羅萬室之如櫛富商巨賈肩摩袂接北通朔

漠南極閩越西跨流沙東涉滇瀚來百貨之縱橫雜輪蹄之塡咽珠璣爛其煒燿羅綺燦其騰沓至若青樓並峙綺榭相連妖姬窈窕艷女嬋娟穠妝競倚粉黛爭妍引歌喉之宛轉廻舞袖之蹁躚極酣嬉于暇日窮勝賞於芳年至若太液之池萬歲之山澄波瀲灩層岫巑岏開闔蔽虧縈帶廻環竦飛樓于崦嶫敞貝闕于巖端門臨碧蘚之磴橋架玉虹之灣晴光出乎軒檻飛翠洒乎闌干瞻廣寒之月殿撫桂樹之團團爾其瑤草蘢葱琪樹羃歷長松之盤古柏之直修篁烟挺老檜雲積瑰偉之姿奇異之植蓊然其陰嫣然其色宛蓬瀛之在茲恍塵凡之遂隔至若上林衍沃靈囿逶迤渚以碧海湛以深池百草綠縟群卉芳菲寬閑薄乎禁籞平廣屬乎坤維樂鱗介之游泳縱毛羽之離褷乃有騶虞效祥麒麟表瑞白質黑章麕身牛尾神鹿貢於遐方白象出于南裔倏玄兎之繼呈忽天鷄之沓至復有馬哈福祿厥獸珠形駝鷄之異白烏之楨奇姿詭態率舞縱橫隸首莫紀伯益難名至若地祇協順天心貽格嘉祥疊臻靈貺蕃錫神木不運而自行祥氛煥發于巨石忽靈蛇之前導現大青于沙磧瑞光煜乎半空卿雲縵兮五色醴泉湧兮璚漿甘露滑兮玉液靈芝產于碧山景星見于南極禿千兎以難窮殫百喙而莫悉然而歷觀前代迄於往古帝王所都難可畢舉豈鎬之美崤函之固宛洛之奇汾晉之富雖或雄據于一時控馭于中土而

於今茲帝都之壯麗又豈可以同年而語哉迺歲庚子告成厥功辛丑正旦方春和融聖皇御寓萬方會同百辟卿士肅肅雍雍蠻夷戎狄罔不率從戴白之叟垂髫之童且欣且抃拜舞呼嵩仰祝聖壽萬福來崇慶此皇都佳氣鬱葱擴基圖于萬世偉壯觀于九重眞帝王攸久之業據山河表裏之雄然而聖天子以六合爲家以四瀛爲池以仁義爲干櫓以禮樂爲藩維不恃險以爲固惟在德之所施至和塞乎穹壤恩澤洽乎華夷致九有以寧謐躋萬國于雍熙此其所以德侔乎堯舜道合乎軒羲鎔天地亘古今而莫能與齊也臣職禁垣叨蒙眷顧謭陋是慙消埃莫補覩皇都之巨麗壯宏規于往古瀠泓頴于長辰陳盛

事以爲賦又從而爲之歌曰翼翼皇都萬方之會兮聖德之宏實同覆載兮聲教所暨一統無外兮文歌曰皇都翼翼民之所止兮維皇萬壽福祿無已兮聖子神孫寶祚萬世兮 楊文敏公集

胡儼先皇都大一統賦若有儒生小臣好古躭文遠稽虞夏商周之載藉近閱秦漢唐宋之遺言於是歷冀亳而覽豐鎬睇咸陽而望長安仰東西兩京之制於往昔觀南北二京之壯于今日載閱淮濟載涉河易爰騁太行爰俯碣石顧并營以彷徨履滄薊而躕踏觀於都城則氣象弘廣即夫山川則形勢雄壯其物産之利素豐饒其人民之俗尚義讓乃上天之眷命而聖人之化成實在于斯故我朝肇建皇都而天

下一統宜在於茲耶方歎慕而未已若惝怳而何之廼有先生長者雍容怡愉邀坐而問曰吾聞登山者必卽其崇岡涉海者必測其汪洋今子游觀於皇都能舉其大綱乎願聞其說生曰唯唯生雖不敏請陳其槩夫四通是交八達所會水走舳艫陸奔輛載星拱萬國囊括四海其宮闕則奉天華蓋謹身三殿以正位乎外乾清坤寧兩宮以正位乎內位夫西則武英爲宴居之寄位夫東則文華爲繼體之大其尊卑以天地爲法象其交構與陰陽相合配駢集夫杞梓之材文彩夫元黃之績旣觀天而穹窿極磐地而磊塊民庶咸子來工師呈巧最實所謂華美而不奢泰者也其都城方廣萬雉弘闢九門建樓設閣通道達

闕晨鐘暮鼓更別漏分士夫林立而商賈雲屯者也先生曰此特宮闕城郭之美而已願更其辭於是生復請曰今之皇都古爲冀州伊洛距其前恒嶽倚其陬環西山而作城界東海以爲溝釃梁雍而絡青兖控戎貊而御吳甌導江淮以共注引河濟而北流卽金臺瓊島之可登望撫大液瀘溝之可泳游阻居庸古北以爲關則遠人震懾闢趙魏齊魯而成衢則侯甸來朝故宜帝皇之都而爲萬世之良謀此太祖之所以剏業而皇上之所以闡皇猷也先生曰此亦山川形勝之槩而已願悉其大於是生復請曰地土肥腴千里尽壤良木冬榮嘉禾夏長松栢檜樟梨栗棗椽成林叢生干霄直上黍稷稻粱桑麻菽粟豐年蔽

野暢茂接屋一夫所耕十夫是足一歲所獲三歲之蓄於焉克棟而賫廟廊供粢盛而具廩祿也又有珍禽異獸則若鷹鸇鴻鵠熊羆雉兔虎豹麋鹿翱翔郊藪馳驅林谷隨取而獲應捕咸觸于以備畋獵而具蒐狩供宴饗而資庖肉也先生曰地利之美可以養人而非所以成化者也於是生復請曰方今四海一家萬夫同志典文治者咸皋夔稷契之徒任軍旅者悉呂召孫吳之類故六卿恊衷而五軍整礪加之居藩鎮者各恭厥職處守令者咸敬乃事是以郡禮樂而邑詩書家和睦而人孝弟農樂耕稼士懷忠義商通貨財工精技藝梯航而來襁褓而至也先生曰子知所以化及於人者然猶未推夫所以受命於天者

也於是生復請曰陰陽調和四序順理雨暘以時寒暑應氣慶雲見乎天醴泉出乎地麒麟貢而鳳凰來龍馬獻而獅子至以及景星甘露之祥芝草嘉禾之瑞白象元兔之奇素烏鸚鵡之異自皇上纘大統基皇圖以來莫不駢臻而畢萃於以見上天眷命之隆而帝皇萬世之兆基於是也先生曰子知天命之所在然猶未究夫感化天人之大本也於是生乃載拜而復請曰維我皇上聖神文武德合天地道貫今古其繼天立極與伏羲軒轅同制度也其化咸天下與唐虞堯舜合規矩也其順天應人與商湯周武恊呂律也故宜建宮城以爲居保山川而自固地利之豐盛獲天人之順助爲天地之君師作萬世之父母尊

居天位安享國土言未既先生大笑而語曰斯言盡之可書以爲皇都大一統賦文翰類選

黄佐北京賦粤若稽古帝軒都涿高陽幽陵宅鎭北鄺堯之爲君始於唐而建國周封其後亦於薊而列爵帝德丕隆莫尚於燕明庭萬靈之所朝光被四表之所先夏后治水則夾右碣石召伯分陜則錫山土田所謂王不得則不王而秦漢乃棄置於窮邊契丹則南京始建而中都大都遂代興于金元天將俾于有德於是文皇肇建爲行在應大興之顯符光黄唐於遐代北平易名以順天旋坤軸以正乾葢此寔天府之國乃混一之大都會其地博大以爽塏亘若繩直而砥平倚重險而壓函夏屹若坐堂皇而臨廣庭

盪幽并之氛雺揭日月於泰清發端門以普照合宇宙而大明惟帝降祥匪人弗成假手於至元而豫兆是名矣葢淪胥五百歲天運剝極而後復析木開津元冥司柚望醫閭以爲鎭宗恒山以爲岳水環繞以爲員山雄峙以爲幅嵎峪叢乎沙渚陂淀注乎旱麓麃麃而牧者五擾之畜穰穰而穫者五種之穀朝宗則河濟淮海守險則漁陽上谷黨慕謀之不臧奚其命之有僕闢築黄金之高臺思展賢才之驥足求文武以戮力遂永綏乎天祿及至定京師建辰極也縣水樹臬覘元矩黄耆緯寘介龜筮襲祥營繕董其務司空提其綱命離婁使布繩施隸首之算章扰厥庸於紫塞環瀛海於搏桑襟滹沱於青邑擁太行於維

於紫禁瓊瀛海於府第汴洋沂於吉宮瀛人何於羅
司空挺其綱命雖更使竹纖流祿前之污濁所
水衡臬建元年真金揚其入灘淡沒所漕其污
成以毅力遂永終乎大漸及重定京師造成其由縣
命之行僕開榮黃金之宮思展賢才之讓是來文
則河濟流海乎險則源四方上令億其恭謀之不淑發堵
鎮而收於山擬之谿壑震而擁者五福之淑阻宗
為有山峙峙以為福濡諸叢乎清淑注乎穹隆
元貞河嶽堅爾開以為鎮宗恒山以爲吉水環繞以
是容矣蓋論帝王之治天運剝極而復乾否閉而
宜而大明繼帝啟運肇人非成治乎於是元而濟兆
遼陶弁之京寧揭日月於泰壇啟端門以普德宇

直而應乎倚重險而歷函受略右坐常皇而都郊廣庭
府之固乃混一之大都會其地南人以決置言古繼
於遼代北平易名以順天旋坤軸以正於燕此定天
有德於是文皇肇建為行在應天與之顯符光黃居
則南京始建而中都大都遂代興于金元大將俾于
田所謂王不治則不王而秦漢乃棄置於沿邊戍守
之所先夏后治水則夾右碣石而分陝則鄉由土
師帝德不降虞尚於燕明虞禹靈之所朝先微回定
蒲堯之為君始於唐而堯周封其後乃於薊而別
黃族北京城邦許諸古帝軒轅涿高陽幽陵宮縣凡
之可書以爲皇都大一統賦文備勉
居大位奉聖四土吉未嘗先生大美而謹曰斯言也

棠廣九門以通軌摹八區而辨方地不愛寶天降珍物神木自行山不自出巧倕公輸剞劂緻紩獻倖指金功成不日闉重城於天陔森飛觀之盤蔚長虹帶通壑以委蛇萬雉兗崇墉而律屭輦道纚屬朝著彪分周廬拱衛列應星文長安大逵冠蓋繽紛其下九涂簇集轒轀曳髮編芒鋪若烟雲戎匠受役伎藝精勤角隅珥市鄽隧孔殷蹠樓映肆散帙典墳鼓篋固多霦霦文雅之士而感慨悲歌者亦任俠而成羣於是邸舍填溢履不容旋紅塵冥冥幕面頳肩如婥女士輜帷高騖明眸元鬒金翠翩翩當折笄而易笥亦豔妝而逞妍貴璫要鉉子姓童隸僭侈自雄司察反避衣狐白而策乘黃摟姬姜而棄憔悴昏酣睚眦以執讋旦暮椎埋而弗忌京游之士寔繁有徒通籍禁闥噓榮蹹枯賂之則升天階忤之則淪淵壚豺狼晝伏於當道而惟詗彼稷鼠與城狐至於翺翔四郊走田飛弋鬬雞蹴鞠罔事貨殖儳摯金以訾價俄羅馬而鳴鏑詄皇路於天衢是以姦慝發而亡迹蓋圻甸提封會歸攸止險其走集守其要鄙兼夏商之職貢奄秦漢之文軌梯航絫乎九譯麃置通乎萬里其陰則天壽磐固長城崔嵬古北喜峯蘭峪黃崖重關疊嶂之槩天守以一夫而莫開彈琴鳴乎其峽黃花鎮乎其隈大翮越乎湯峪嫣川流於懷來野狐獨石之隑嵃龍沙瀚海之縈洄攬蒙狄於閈平邇龍虎之璜臺北征于時而振旅霓旌參簇乎斗魁酌葡萄之玉

液旃裘伏而獻酺其陽則三橋萬椰玉河通惠潮白桑乾百泉所會緯以淶易磁濡經以淤溏漳衛掖以大陸封龍擐以井陘無棣褫黃河而帶伊潁絡齊魯而苞趙魏登披雲以延佇見天津之遐溢東吳輸乎秔稻叢雲颿以如薺鱗介泳於川湄萑葦紛乎旆旆海陸產乎珍美雖林閭莫能以淵討東郊則有潞河之灣通漕之流控引江淮運集粻艘萬國冠裳以發以休玉田黍谷蒙繹之衆跨遼瀋而踰鴨綠山川巻藹而相摎嗟燕昭之妄謬延羽人於丹丘汎延芳於瀲陰得契丹之莽洲鶩鶩散而海青鵞尚餘回極之浮浮西郊則有玉泉垂虹西山積雪西海瀲波流入皇闕盧師二龍甚遐潭穴平坡翠微五華屏列潭分玉淵蕭爽晈瀲崆峒石經之夭蟜大房孔水之融結越盥溝與劉李乃縱志而舒節過督亢之荒陂悲丹軻之計拙返薊丘而眺廣陽躧齊政而蔭禪檝瀏西湖之蒲荷絕龍舟之纜縻水天混而光流涵沙禽於鏡月爾乃朝陽近郊將臺威陀偃武云久講藝投戈崇文覲路曲接海涯率茲潞渚至于白河直沽滿瀉灌溉靡多開鑿成隄大有麥禾穰穰歲穫富我天家正陽之南苑囿闓拓三海汪洋四序弗涸按鷹有臺飛放攸泊狐兔嘆嘆麋鹿濯濯浮飲衝波宛潭灌汋其淵則有文蛤水馬朱鼈金龜絶綸巨鯉衝習奔鯢鰼鰼繁於涿光鱅鱅詭於靈蠵其坪則有雲木烟蘿森森梟梟隄柳汀蘆綿梨火棗梧棘鳳條槐舒龍爪

臺開軒含景敷葩八維像乎紫極四表達於絳河還緒風於閶闔流旭日之靈觫闥披四目陛納九齒明翼等威玉筍攸止鬼瓊樓而立兩旁文武分而鼓鐘峙出掖門之東西棕蓬延而對起曰思善與景運于左右而迤邐雲闕翔五鳳於璇霄玉橋亘三虹於金水直盧宿衛容裔於前而斜廡矗矗乎其栢聘午門之內殿閣嶙峋東有文華蒼龍守閫上憲攝提析木之津先聖先師祠禮惟寅啟榣山之碧鏤蹠菂丘之廣輪扈以文淵東觀與鄰史館聯開雕牖相因冊府甲觀圖書萃珍西有武英金虎環陛象彼觜觽衛石積層虹梁鯨棟巀嵲迤邐端居存神修令發制牙璋蓀旅猋動靐厲百爾幾務罔有停滯左入太廟逌廟

街門四孟時享對越駿奔東建齋宮高廣端正簡樸無華遹萃誠敬宮垣之外東苑是營垣涂豪徼延接南城濬洫嬰堞靚深覛窅夾路嘉植攢峯開洛林霏幽坱石瀨迴繚天然縣圃中有壺嶠時端陽聳翠華翔建鴛棚集龍驤擊綵毬射垂楊帝子王孫金玉交相薄言觀者股肱之良勁捷驪讌藻詠栢梁永樂之世角觝惟常亭臺經始宜朝雅制天順復辟式廓以麗龍德之殿栱振正中崇仁廣智左右相雄彤墀瑤砌甓檻綺櫳其門則丹鳳在南蒼龍在東殿後秀巖翠黛騰空環屹運之團殿聳縹緲之奇峯巖亭旁峙凌雲御風玉梁在前追琢瓌瓏夾以天光雲影表以戴鰲飛虹永明佳麗窈窕相通環碧在陰淙淙潨潨

錦鱗文禽喁喁雝雝淨芳瑞光門閣穹窿跨以翔鳳梯霄頫淥別有閒館嘉樂昭融出入東華是謂南宮凡其金鋪朱戶莫不掩映乎芳叢聖皇大孝世廟觀德易乾德以重華列鴻慶與崇質仁以欽天孝以追先二閣並樹巍乎煥然浮丹麗紫納雲冠月負扆萃誠達于天闕協鴻名於大舜終以崇先而昭揭右社街門入祭社稷爲民祈報如幾如式又有西苑越在子城入自西安出則乾寧萬歲之山秀拔崢嶸太液之池環抱泓渟雖名由元立大肇明禎然從宋艮岳延引玉泉則金狄之所經營其遵甕城而陟丹梯也攀承光之金殿矚飛鯨之石梁踰數百武則鐵綷丹檻浮游蘭槳達瓊華島登廣寒殿而超方羊邇而睇

之玉蝀金鰲堆雲積翠坊表金碧照映松檜遠而望之崧岱並立大河橫帶俯視江淮一目無際恍若淩倒景而躡鵬翎入鈞天而聞鳳吹飄飄霞舉豈非快哉梳粧高臺巳化蔓草而仁智列楹據山半者亦幾經興廢矣介福延和厥門尚存而昭行殿建自先朝者實爲大觀東有凝和陸離駁駮浦溆烟綿龍舟鳳舸西有迎翠遙挹山光林幽鳥悅芩蔚翺翔東北太素草縟堊飾質任自然如植圭璧九島池北涵碧亭亭丹檻翠牖隱映淵澂緣厓徂東樂成觀檜雲稚風輪千以春抒承光南濟崇智在茲金苔玉檻旋匝循磯芭蕉園南灌水葳葳日照和者越紅亭闢黃扉而見水田農舍乃知小人之依從南臺達西隄過射苑

轉芳蹊入兎園小山之門而躋焉洞泉九曲金龍注池松蘿陰陰居然青谿出園東北瞰池倚壁暨後左門亦寘翼室各有平臺逌遙靖宬武廟於斯閱騎射而吾皇恒以延輔弼軒曰遠趣館曰保和亭則歲寒飛香與擁翠映暉會景與澄波飾爲錦芳亭前有洛敞閣通池花卉圜遶翠芬出于竹陰寳月藏乎樹杪玩芳距凝素以芬葢臨漪偭美金而淡晶皇營新殿清馥是名芝楣繡栱虹植電衡耀碧霄以御鬨垂毓華之光晶牡丹紅藥之屬普受和氣而嘉生至於園有丹桂絲椒渚有芷蒲蕎杜而鸂鶒天鵝諸栖泊者又莫知其數鬖獅異獸石臺銅柱收放其間匪直斑龍與鶣兎周文靈囿於焉再睹葢自元武門外出北

上中山勢蜿蜒而未窮其下周廻百葉龍蔓出其委翳回眄天池翠島眞蓬萊之在九重也廻立保泰格于元極殿聯無逸所重民食亭揭豳風耕籍黍稷倉曰恒裕扉曰寳穡壇祭穀祇五福時錫復有蠶氏之館採桑之臺以備親蠶繅織剪裁修飾仁壽之宮踏六鼇而造三台嘉禾連穎甕繭成筐則奉慈闈而進仙杯縱幙鬖鬖鳳車徘徊而神御望清之閣頫清虛而洞開於以見皇心仁孝懕元眞而洽滄星乃若後宮則有奉先之殿次以奉慈禘則太先承言孝思配帝明堂睿宗惟宜夙御景神寳善愼獨休明昭融迎祥安福玉卮金扉祗祗肅肅清寧之宮棕殿以朝後園核映樹玉池瑤乾清坤寧兩儀成象純殿寳勢閟

闢相嚮房闥內布綷䟽外陳六官旁列爰處妃嬪東
則延祺鍾粹毓德西則啟祥隆禧景仁禎道廻衝以
聯絡掖庭阿那以綵循百子符螽斯之蟄蟄千嬰應
麟趾之振振碧瓦鱗差朱門雯艷欽安中黃表儀四
極雕欒鏤粢蕙樓椒壁鬆形殷乎珠櫺芳馨流乎羣
帝明珠燭元夜以爲晝列錢耀白簡而成色居瑤光
之壺輿御璣珍之象席銅龍毖節其典居銀鑰嚴坊
于斯夕日精承千祥之滋至月華炯百福以翌翌泉
宮左達鶴禁透隨西內作對燕居惟時黝儵麗嫺安
樂且綏撤大善而爕佛骨崇聖學以恒緝熙堂有精
一執中弗違室有恭默匪道弗思齋有九五天德是
祇亭有敬一御箴永貽乃宬皇史以寶芳策今可述

而古可稽皇城東南蕎宮宏敞長孫所居軒墀戢香
東安巽隅十王有邸差次儷陳皇皇韡韡前星重輝
天潢分派萬桷鸞浮千楯鳳起迨夫光祿太官六科
黃門尚寶之司亦邇東安黃衣有徒灑埽供事儀文
璽綬以及櫪駟監局之號二十有四銀璫珥貂時維
閽寺出入絳闕捧擁瑚璉遵我綸綍敬慎不渝于時
天顏正王道復顯巍巍嶽穆穆昭景鑠絕芽懋龍威
元端齋明盛服貫魚有序六尚分局永巷愔愔皎若
承旭出納精微無遠弗燭乃若九門中峙京城之前
孔道為隆其直如弦文皇肇祀合地於天岌集靈壇
接以山川制倣留都獻歲揭虔壇分四郊吾皇攸建
乾父坤母南北祼獻兄日姊月東赫西烜二至二分

受釐錫羨祈穀舞雩亦罔不徧昭明寅畏用德克堪
卿雲呈絢瀹露飛甘六幕清宴百嘉鬯覃窮靈極祉
有圖牒所靡談者矣是以白環碧砮之貢日旅彤庭
之琛星聚河清之歌歲登樂府之詠僸佅之從王化
猶洪聲之收清響雕題之樂神州若游形之招惠景
會同之館惟見其來烏蠻之驛不聞其牘攜旄倪而
爲家日嬉遨乎市井觀治化之元同徼邊陲之無警
爾乃設官分職宅俊陟明長安左右三事九卿文武
分闈曹司坒扃玉河東西詹家翰瀛太醫列院欽天
步星太僕設寺考牧于京鴻臚行人各守典刑督府
參以奉常法司聯乎貫城五軍之外三千奇兵益以
神機爲三大營簡其精銳則立團營十二丕振乎天

聲然猶偃戈鋋修俎豆而樂育冑監之英是以宣后
儲神矢詩於穆清北望崇文之閣而思天下化成承
天之門具瞻攸聚月朔京尹率見宣諭黃圖璀錯正
[illegible]太倉儲粟積𡑞紅蠹督以司徒出納俵蔆北
控九邊是致是附垢玩棊於正德四家盤乎百庱鎮
卒不留屯而折色是需鹽商不詣邊而轉運民部墩
臺日傾什伍暴露喑答內侵皇赫斯怒尚賴乾符劢
順坤珍劢富邊郎萬鏹賚徧于長城工程百爾惇大
而成裕苟徒苦節篤言守素則是絕文字而結繩棄
冕綖而冠布也爾乃練時日選車徒萬乘出七萃驅
稜恩揭殿陵祀之居行宮開關沙河之途思先靈之
陟降越昌平以北盱精禋畢戒射夫弋欽鴉殪封狐

貙詆麐至梟獍畢胥銀山鐵壁陽翠軍都星奔電擊冀馬燕弧田獲庖充爰賜大酺乃幸九龍之池禦時聞萬歲於寰廓大烹陳鞮鞻作天酒熏皇情樂薄暮言旋軍麾動乎朔漠皇不自聖周爰咨諏勳戚冑輔召邇前旒足食足兵幃幄運籌內帑克乎十庫外庾貯於通州鈲槻芻粟飛輓若流築外羅郭紓南牧憂巍巍金墱枚枚雉闍包括崇文峻于宣武黔首樂依光我成祖建旄于以標望不可仰而可俯雖使都盧之巧捷不敢以投足翔鶡之扶搖不得以運羽由此論之策天功以臻成必有非常之元不惜小費乃罔後艱是故衿帶周則保禦易楨幹固則搖拔難淵源深則瀾派浹盤根大則奕葉繇蓋觀諸天乎上提三光下輪厚坤連珠合璧日發斂而不憚其煩迺能榮百昌於萬古鋪元氣於人寰泰泉集

按桑悅(馬斯臧黃器先)帥機皆有兩都賦借抄未得

侯補錄

鄧林皇都大一統頌天作神京山河鞏固聖皇宅之永隆寶祚大明啟運定鼎金陵皇上繼統再營北京維彼金陵俯臨淮甸龍飛渡江洪基肇建維此北京冀域堯封龍潛舊邸王氣所鍾昔在太祖心存北顧允惟聖皇是簡是副聖皇文武謨烈祗承聿追來孝聿觀厥成歲在丁酉星中營室正於四方元龜告吉工師効力山川獻材四方和會庶民子來爰法天經爰因地義斷自宸衷率由舊制迺營三殿三殿堂堂

乃立九門九門將將乃築圜丘乃除方澤父天母地
于焉昭格乃嚴廟社乃定市朝規模位置秩焉有條
龍樓中屼鳳闕前峙禁城萬雉邦畿千里乃廓阿閣
玉戶金鋪赫赫然壯觀偉矣弘模府第星羅廬井櫛比
萬象一新兩京駢麗歲在辛丑告厥成功元日甲子
帝御九重虎衛巖霄鷄人報曉雨露頒恩絲綸下詔
萬國執玉八蠻貢琛天下一統臣民同心洪惟聖皇
與天合德營此北京象彼北極維北有極環拱衆星
維北有京包舉八瀛洪維聖皇德備神武郡縣南交
衣冠朔土洪維聖皇治備聖文六合爲家一視同仁
拜手稽首聖皇萬壽與天同長與地同久拜手稽首
聖皇萬年博厚配地高明配天日月貞明山河帶礪

聖子神孫本支百世簡編有紀金石宜鐫臣作頌章
永世其傳　退庵集

郝經入燕行南風綠盡燕南草一桁青山翠如掃驪
珠晝擘滄海門王氣夜寒居庸道魚龍萬里入都會
澒洞合沓何擾擾黃金臺邊布衣客拊髀激歎肝膽
裂塵埃滿面人不識骯髒偃蹇虹蜺結九原喚起燕
太子一樽快與澆明月英雄豈以成敗論千古志士
推奇節荆卿雖云事不就氣壓咸陽與俱滅何如石
晉割燕雲呼人作父爲人臣偷生一時快一巳遂使
王氣南北分天王幾度作降虜禍亂袞袞開其源誰
能倒挽析津水與洗當世晉人恥崑崙直上尋田疇
漠漠丹霄跨箕尾　陵川集

王廷相帝京詩帝京南面俯中原王氣千秋湧薊門渤澥東波連肅慎太行西脊引崑崙九皇天運坤維奠萬國星羅北極尊堯舜昇平見今日按圖形勝不須論 家藏集

吳國倫燕京篇擬賦燕京勝三都未足誇霸圖雄鴈塞古戍扼龍沙北谷回陽令西山擁帝家天平恒嶽迴地險薊門跨秦楚嘶鷄口候王屬犬牙重城開御氣雙闕倚明霞芳樹華陽館高臺易水涯談天曾碣石望海即瑯琊帶甲環三輔梯航走八遐風雲森劍佩雨露足桑麻紫陌新豐酒紅樓宛洛花輕塵飛白練旭日麗青緺雪色并兒劍星杓漢使槎羽林矜節俠戚里競紛奢接軫趨長樂揚鞭過狹斜悲歌逢擊筑斥堠警鳴笳七校傳清蹕諸陵望翠華監儒何寂寞抱影獨長嗟 甔甀洞藁

陶望齡帝京篇地軸幽燕壯星辰北極尊向明開帝服面勢敞天門天門帝服何雄麗到處煙花夾朱第崔嵬古臺黃金築迢遞離宮白玉砌儲胥百萬護巖更十二交衢繞鳳城見啟北門封將校新開左掖召儒生連艘千里吳陵粟擐甲三營突騎兵旗亭分隊起輦路入雲平搊車隱隱闐街轉流汗竊冬氣猶喘說劍相邀過慶卿談天何處逢鄒衍走馬東門繡陌新角弓珠彈闘芳春曾持紫綺裁行帳共屑梅檀作遠塵七貴豪奢何不有材官導前蹶張後蘭錡分將御仗陳椒房自合君恩厚董家小兒元賣珠霍氏大

奴公使酒榮華銷落須臾事盛滿尋常多怨忌但見交遊去翟公空傳丞相過車騎由來破甑難重炊由來素髮難復緇千金處囊意氣盛一朝脫手爲人欺君看世事共如此獨傷悲歌高漸離歎庵集

徐熥帝京篇文皇定鼎都燕薊三輔黃圖誇壯麗九重宮闕何嵯峨百二山河咸拱衛五鳳高樓逼太清六龍御宇泰階平瞳曨曉日升金闕縹緲紅雲擁玉京玉京金闕倚天開隱隱鑾輿複道來雲迷翠幰依龍衮露滴金莖泛羽杯平明長樂鍾聲響九天日月開仙仗豸史臺中曉聽烏虎賁階下朝鞭象月照彤墀環珮齊風生青瑣旌旗颺高臺突兀比章華上苑紆迴同博望我家京洛何煌煌山河錦繡軼隋唐辮

髮文身俱稽顙雕題黑齒盡梯航三載公車計偕吏嚴樂鄒枚乘傳至黃紙承恩金馬門綠衣賜宴慈恩寺勅賜當街上五花金鞭絡繹更堪誇市中春色濃如錦身上宮袍爛似霞粧臺舞榭層雲裏粉白蛾黃兼皓齒枯籠翻令女伴憎承歡卻得天顏喜更有中涓美少年朱顏白皙珥貂蟬當筵解唱霓裳曲出直常揮碧玉鞭一代豪華稱戚里回天轉日誰能比薄暮酣歌闔閭門平明取醉新豐市繁華三五上元燈蜀錦吳綾結作棚任從玉漏催銀燭不顧銀河轉玉繩馬上佳人金絡索筵前公子玉壺冰懸得華燈燈七寶搆成綺閣閣千層中宵露冷羅衣濕姣童兩兩當筵立夜永寧愁鳳腦殘寵移豈顧龍陽泣侯家繡

柱玉盤龍朝朝鼎食奏歌鐘翠翘金鳳三千隊畫閣雕闌十二重繡枕春宵開菡萏羅幃夜月絢芙蓉五侯七貴豪華客油壁香車過栁陌花前調笑片時春百萬黄金輕一擲春風日日恣遨遊北里南隣樂未休玉顔到處堪廻輭珠箔誰家不上鈎青錢多買醉紅袖賭藏鬮投來青玉案費盡錦纏頭蹁躚紅袖人如玉豔舞嬌歌歡不足琥珀深杯醉玉樓珊瑚寶樹羅金谷灼灼桃花兩頰紅娟娟栁葉雙眉緑愁縈弱水遠重重夢繞巫山高六六王孫公子好遊閑往來射獵向西山驅將鷹犬垂鞭去射得狌狸帶箭還九衢三市相迤邐車塵白日連天起六郡良家畫錦衣四方賈客多紈綺錦衣紈綺競豪奢結俠追歡意氣

誇論交半是蕭朱輩托命多於趙李家華堂宴會春風繞一派絃歌聲嫋嫋香氣頻聞寶鴨熏漏聲忘卻銅龍曉春來春去自年年聽盡笙歌與管絃但知芳草春風滿誰識鶯花歲序遷自古奢華豈能久轉眼紅顔成白首往日堂前羅異花于今門外生衰栁世事悠悠未可知桑田滄海須臾期金張許史今何處富貴驕奢空爾爲 幔亭集

日下舊聞卷二終

形勝

自太行山而北不知山所限極處亦如東海不知所窮盡也博物志

宣府大同藩籬也居庸紫荊門戶也順天眞定保定等府州縣堂室也藩籬寄斯門戶固門戶固斯堂室安漁石集

梁本之爲魯王賀建北京表兩京肇建創萬年磐石之基九譯來王恢一統太平之治天人協贊宇宙騰歡陛下道冠古今德同堯舜如天地之大萬物涵覆載之中如日月之明八方囿照臨之內於是定鼎在興王之地建都效卜洛之規瞻恒岳而控西山躋居

庸而挾灤薊壯九重於南面運啟文明峙雙闕於中天高連營室百工和樂而趨事庶民悅豫以子來慶雲見五色於瑤堦瑞日煥重輪於帝座吉蠲元旦而登五位式負黼扆以朝百官道里均平山川鞏固於此繼天出治發政施仁禮樂明倫而三階砥平垂拱無爲而四方來賀此所以承天意之所屬而致宗社於永安也臣叨守親藩躬逢盛事綸音誕布允爲洛誥定命之書鴻業告成載詠鎬京復古之雅坦菴集

自宋員外廼以瀟湘風景寫平遠山水八幅一時觀者留題目爲瀟湘八景南渡詩人若陳允平衞仲張槃叔安周密公謹奚淢倬然皆有西湖十景詞而北平舊志載金明昌遺事有燕京八景元人或作爲古風或演爲

小曲所謂八景者居庸疊翠玉泉垂虹太液秋風瓊島春陰薊門飛雨西山積雪盧溝曉月金臺夕照是已至永樂間館閣諸公相集倡和更薊門飛雨爲薊門烟樹或又增益二題爲十景和者相屬因而十室之邑三里之城五畝之園以及琳宮梵宇靡不有八景十景詩可憎甚矣 寄園寄所寄錄

胡廣北京八景圖詩序明昌遺事有燕京八景前代士大夫賦詠往往見於簡策聖天子肇建北京爲萬方會同之都車駕巡狩文學之臣多列扈從翰林侍講兼左春坊左中允鄒緝仲熙曰昔之八景偏於一隅猶且見於歌詠吾輩幸生太平之世爲聖天子侍從臣以所業扈從游於此縱觀神京鬱葱佳麗山川

草木衣被雲漢昭回之光昔與今又豈可同觀哉烏可無賦以播於歌誦衆咸曰然遂命曰北京八景間更其題一二仲熙作詩爲倡於是繼賦者國子祭酒兼翰林侍講胡儼若思右春坊右庶子兼翰林侍講楊榮勉仁左春坊右諭德兼翰林侍講金善幼孜翰林侍講曾棨子啟林環崇璧翰林修撰兼右春坊右贊善梁潛用之翰林修撰王洪希範王英時彥王直行儉中書舍人王紱孟端許翰鳴鶴暨廣凡十有三人得詩一百二十四首乃寫爲圖并集諸作冀各圖之後裝爲一卷藏於篋笥他時歸老優游江村林屋之下展而觀之撫其景誦其詩豈無玉堂天上之思與夫平生交游出處之感耶 胡文穆公集

李益幽州詩征戍在桑乾年年薊水寒殷勤驛西路此去向長安 萬首唐人絕句

李源道燕中懷古詩燕王墓上草離離郭隗臺前對落暉戰國山川秋氣壯中原豪傑曉星稀乾坤納納無人識南北年年有雁飛說與盧溝橋畔柳安排青眼送人歸 元詩體要

居庸曹王大安黍谷崆峒之山環抱如箕而燕城峙其中其地如掌 雞肋集

大地之脉咸祖崑崙而南北二絡最大北絡極于幽燕大河至此入海與鴨渌江會東有下沙此山水一大交會也其北崇岡千疊其前坦平千有餘里泰山聳于南誠國家萬年之基也 莊渠遺書

端拱二年將討幽薊詔羣臣各言邊事宋琪疏上謂徑路所趨必若取雄霸直進未免更有陽城之圍蓋界河之北陂淀坦平北路行師非我所便況軍行不離乎輜重賊來莫測其淺深欲望回轅西適山路令大軍會于易州循孤山之北漆水以西挾山而行援糧而進涉涿水並大房抵桑乾河出安祖砦則東瞰燕城裁及一舍此是周德威收燕之路自易水距此二百餘里並是沿山村墅連延溪澗相接採薪汲水我占上游東則林麓平岡非戎馬奔衝之地內排槍弩步隊實王師備禦之方而于山上列白幟以望之戎馬之來二十里外可悉數也 下文見二十三卷 桑乾河水屬燕城北隅遶西壁而轉大軍如至城下于燕丹陵東北橫堰此水灌入高

梁河高梁岸狹桑水必溢可以駐蹕寺東引入郊亭淀三五日瀰漫百餘里卽幽州隔在水南王師可于州北繫浮梁以通北路賊騎來援已隔水矣視此孤壘浹旬必克宋史本傳

昆田謹按繹宋惠安疏則桑乾河水當日乃在燕城之北今則深谷爲陵桑乾出山之口不在盧師祠下而在石徑山麓矣

胡旦上平燕議曰幽州在北門之外天時地利人事皆在可伐歲之所臨其地受福今年初秋至六年鎭在燕分從今年爲備至來春興師北兵遇春夏則旃裘履羊弓塞馬不爲用而中原士卒素不能寒往北逢暄筋力勇徒以勇徒之士驅不用之敵乘福慶之時討災殃之城成功立事在于此矣幽州之北皆是山谷通人馬者不過十處苟塞斷山路餘寇在燕與大軍相持遷延其時以度春夏寇不能熱有退無前逆壘不足下猾寇不足殄也宋史儒林傳

世宗將幸金蓮川梁襄上疏極諫曰臣聞高城峻池深居邃禁帝王之藩籬也行宮非有高殿廣宇城池之固是廢其藩籬也燕都地處雄要北倚山險南壓區夏若坐堂隍俯視庭宇本地所生人馬勇勁亡遼雖小止以得燕故能控制南北坐致宋幣燕蓋京都之選首也況今又有宮闕井邑之繁麗倉府武庫之充實百官家屬皆處其內非同曩日之陪京也居庸古北松亭榆林等關東西千里山峻相連近在都畿易於據守皇天本以

限中外開大金萬世之基而設也奈何無事之日越居草萊愛沙磧之微忘祖宗之大業此臣所惜也況欲習武不必度關涿易雄保順薊之境地廣又平且在邦域之中獵田以時誰曰不可伏乞陛下回北轅之車安處中都則宗社無疆之休天下莫大之願也世宗納之金史本傳

孟思詩箕尾分星野軒轅肇帝墟燕山蟠王氣瀛海帶宸居西北饒兵馬東南富國儲太平茲樂土非夢亦華胥龍川集

京東諸州縣地多卑窪沮洳彌望或云可開水田如江南耕耨法歲收自倍而徐尚寶貞明特主其說具在潞水客談余深是之乃請旨下近京郡縣酌量修舉以尚

寶兼憲職董其事尚寶從河間經始築堤捍水乃之薊州招南兵之習農者使畫地耕作仍給之餉一時農兵大集墾田以億計畝收一鍾撫臣及司道方次第開報而北人官京師者倡言水田既成則必倣江南起稅是稼禍也乃從中撓之御史王之棟疏請罷役而中官在上左右者多北人爭言水田不便上意亦動召余及同官于皇極門面諭以水田當罷余對言高田宜黍麥下田宜粳稻今民間游惰下田皆棄不耕荒蕪寖多故議開墾非廢已熟之田也上云荒田可開水田不可作余退而上疏極陳利便而上意竟不可回遂切責尚寶以爲擾民而初議盡格矣彼中開墾已成收穫甚富一聞詔下盡撤毀堤岸斥爲開田垂成之功廢于一旦良可

惜也 賜閒堂雜記

陳泰朔方歌朔方大野何寥哉悲風慘憺從天來初如巨壑吼陰浪忽似晴空打怒雷嚴風吹霜石爲裂淅瀝飛沙砭人骨萬里書生二十餘匹馬來爲朔方客朔方之人膽如斗不闗才華闘身手無復悲歌慷慨聲猶能使氣屠雞狗憑高仰視太行山山氣空濛紫翠間東西日月自吞吐今古烟雲相往還太行勢盡西山起鳳舞龍蟠聳神偉昨夜燕支雪作團散落飛花漢宮裏朔方猛士氣凌雲白首防邊未策勲馬上相逢淚如瀉嗟我何爲朔方野 所安遺藁

幽州之地左環滄海右擁太行北枕居庸南襟河濟誠天府之國而太行之山自平陽之絳西來北爲居庸東

入于海龍飛鳳舞綿亘千里重闗峻口一可當萬獨開南面以朝萬國非天造此形勝也哉 讀書一得

淮南子謂地有九藪燕之昭余祁居一焉藪者聚也王者以聚民畜國夫燕天下之上游也甸服西北控御東南若建瓴然泰嶽峙其南華山環其右前則三案重圍後則九河歸宿誠四塞之國矣議者以爲漢之邊在北咸陽去朔方千餘里唐之邊在西去吐蕃亦千餘里今京師闗隘近者百里遠不過三百里居庸吾之背也紫荆吾之喉也卒有急則搤吾之喉而拊吾之背是殆不然譬之一身焉幽燕天下之元首也牽左則左肘動掣右則右掖奮無事則坐享長河之利以爲轉輸有事則席卷燕趙之兵以爲犄角所謂天下之勢莫重于燕其

以此耶 順天府舊志

國家建都北平古爲燕國燕自文公以後立于強國之間北迫戎貉内控齊晋又甞帥師馳逐中原千里之外此其爲費不少矣蘇秦謂燕東有朝鮮遼東北有林胡樓煩西有雲中九原南有滹沱易水即今畿内東西所至視昔雖狹而南有渤海鉅鹿至于邯鄲濮陽益兼齊趙之地長短相互實亦當之昔者纖悉出于其國而今盡仰給于東南非所以富國息民也往時何承矩耕水田于河北虞集議海田于京東脫脫大興營田西自西山東至遷民鎮南起保定河間北抵檀順皆從佃種水泉陂塘之迹門堰捍築之方召募教授之法器具工作之資蠶蛤粟米之富可以按成式法往智數歲之後其

效立見此與轉㬰會漕潞渚功相十利相百矣 綱齋集

給事中魏呈潤疏曰周禮幽州藪曰貕養其川河泲其浸菑時冀州藪曰楊紆其川漳其浸汾潞葢水澤至沃也國家定鼎于燕用幽冀爲畿輔負重山面平陸輿衍之利甲于東南若疏其上源自涓滴傳而致之何田不充何漕不裕惟北方不知蓄水聽其自旱自雨自盈自涸而莫之均節故潦則遍地巨浸旱則滿眼砂礫一遇饑歲比戶倒懸民之凋敝極矣誠於平時舉地利而經理之富民不能供役者必轉募貧民則窘者得食一利也旱則蓄其流澇則宣其溢則瘠産皆化爲沃土二利也水道與田疇相通譬咽喉之氣達于肺臟靡所不通漕可速濟三利也北地種植既多即粟米芻茭俱將輸

于天府遠可省額外之征近可獨召買之役四利也原野有溝有防高下成塹盜不敢援弓馳馬五利也夫不費太倉之金錢而坐獲此五利何憚而不爲乎　樞垣疏藁

程旦幽燕行太行亘西天薊門控東海山川何雄深烈士多慷慨千金重然諾九死志無悔憶昔荆軻子英風赫如在醉挽高漸離悲歌燕市間旁觀若無人乃復滂洗瀾太子跽避席項刻不遑安朝送易水歌夕入函谷關秦王殿上走羣臣仗下譴把袖志莫遂負劍巳喪元立名輕其身報德安足言至今少年者甲騎獵平原結客滹沱陰剽吏長安道殺人若刈麻攫金如糞草鼓鐘宴達旦終歲常醉飽自視七尺軀

爲能牖下老　新都秀運集

余光北京賦夫燕之爲都也疊以太行五華之障函以軍都湯峪之屏表以岱嶧之罘之鎮犄以盤龍峉雲之嶆帶以白露渾源之川鞏以漳衛直沽之津扼居庸以制勝若乘高而建瓴擁燕雲以馭夏若坐堂而俯庭狹關中于西阻陋中原于四馳甲齊魯之東藩逆吳越于南陲固華腴之上土天地之弘畿廣六合以爲宅極八表而橫披封畿四環開地千里畧其遠形卽其近鄙則西巘爲壁不下函崤滄海爲潢罔論長河銀山崇墉北壓紅羅巨馬連淀南廹滹沱敷搏爽以中廣歸雄拔于周遭龍翔鳳舞以自天玉帶銀山而盤峩層巒擁翠重岡飛丹嶙嵘虎眺巑岏狻

蹲左銘右鐘排楯列干則有翠峯紫蓋白浮黃花之山蜿蜒蟃曲鸞舉蛟騰懸崖迴赤峭壁流青前昂後軒九折百磴則有分水八盤摘星九莊之嶺臥龍有崗彈琴有峽巖棲呂公崖盤菩薩石經有洞孔水時發桃花有峪延朗掛甲嶋旋白雲谷迷石髮則是山間之幻奇幽明之吐握者也浩浩蕩蕩瀰淼無外濆渟渟躍龍擁怪歕霧蒸雲鰐雄吞介掀鼉奔雷洶湧傾沛則有滄溟之海濕餘浸溢琉璃回波桑乾逸駛易水縈沙九濟入沽玉帶淘之則有百會之河百泉成溪玉淵成潭金盞爲淀直沽流曇飛放泊淺駱駝港涵車渠之橫亢陂之湛則是衆水之濤别瑞氣之瑩含者也海有神鼇巨蝤贔負蜃樓蚌珠擁劍八

帶甲魦青鯔巨靈駕而往來海若鼓而馳驅奇鱗蜿蜿而變龍含利颭颭而化車長鯨負山而若漚修鯢吞航而罔噧又有鵔鵘鷫鷞環薄于扶桑𪀦鵝鴐鶩浮蕩于渤澥大鵬巨鯤扶搖于雲衢輕鷗修鶠漂没于澎湃青骹奮隼以鷹揚白羽紛驚而沈介何風擧雲搖之匪常而儵忽莫窮其幻怪山有昆駼獑猢巨狿犴貙狻猊狒猥蛩蛩巨虛文豹隱霧於崖谷白虎嘯風而負嵎巂巂操管於幽峪射干跳伏而避罻又有猨狖騰捷于林莽飛鼯垂蔦而捕雀遊鶍踆踆于盤磴鷹鶻奮翅而莫搏異鳥回翔而擇木猛獸陸梁以趨鼜易貘分形牢落羣散而驚犇河則州浮鴻雁鵠鷸歸鳧之鳥渚戲鮦鯸鱠鯉鱒鱮之魚汀蔞蔞而

蘭芷洎蓬葦而葦蒲野則樅栝櫻梓紫榆白楊檀梗楓棫赤栢甘棠蓊槮薆蔚乎千章其離離者則有真定之梨信都之棗固安之栗清流之稻蓁實胡桃花紅蘋婆海東青翠朱實垂柯其騑騑者則青驄獅子赤汗玉騧驊騮騕褭驌驦駼騊奔紅騰黃擁甲鳴鑣其蔚蔚者則石菌天花蔓荆葳莎菅蒯荔芫蔄臺婆娑玉葱懷羊莽葶瀰臯其瑩瑩者則丹錫佐精赭磁水晶紫班礬綠玉砂鉄銀佐滋素液畏井鹽氷薊門石鼓援捋而若擊玉田白璧誌柱而難名其間玉泉之流瀦爲西湖則芰荷十里隱映天光菱花當鏡芡寔蓮房翠浪渺渺錦纜牙檣芙蓉曲島秔稻凌塘室通鮫女宫浸梵王沙禽水鳥之翔集遊鱗唼藻而

徜徉宛都邑之瀛洲逼南國之湖湘藪澤之滙別爲南海則域獸有垣按鷹有臺蔬果蕃蕪碧樹縈廻狐兎之所奔走麋鹿之所駢駘樓煩彎弓而莫發俠客控騎而相猜兕麑驚而伏草梟鷺駭而毽㲟湫上林于莫數蓋覩雲夢爲瓶罍八荒貢賦四通而達其南則南金赤玉珠貝珊瑚駭雞火齊琳瑎昆吾庶土百珍集于天都越羅吳錦三壤之租千艘萬艫達于張灣之瀘其西則球琳琅玕熊羆織皮硨磲鏐鉄氊㲪氍毹大宛名馬蒟醬螭酥千輪萬轂屯于張掖之郛其東則銀貂白狐之裘海豹佐獺之革果下青驄朝鮮弧韄來于薊門之磧其北則氈裘皮革駿馬海青韓盧駱駝貘貉黃鼪度于居庸之陘夫寶土者物寶

物者民寶民者國寶國者人故形勢強幹而匪木賦産外腴而非眞伊都邑之赫奕繇人物之駢臻故古稱幽并多慼慨豪傑之士有沈鷙文雅之名伯桃併糧而濟友劉沈重道而薦朋則友生之風近諸古也綱成郤應而相秦蒯徹用信而下齊則弘辨之雄冠于時也睍見而逮成者徐樂之說行也遮道而願留者寇恂之才學也蓋延圖形於雲臺盧植養晦于上谷佐漢于流離者賴張飛之義勇輔晉于丕盈者繇張華之盡鞠盧佐雋首于北海弘策制勝于建康則文學酬策之雄莫能方也照鄰列名于四傑盧鴻遭芳于二盧則詞藻節槩之流無以踰也崇文破蜀以典唐劉蕡正對而落第則武畧直言之磊磊者也趙

趙普相宋以下遵晦鎮邊以服遠則沈畧弘度之卓卓者也呂端處大而不塗世傑臨危而罔變則弘亮忠節之耿耿者也他如知古張儉之在遼企先韓昉之仕金天麟天倪之佐元圖事撰策各盡其能上觀于古下逮于今既強且勝既庶且殷勇者不乏賢者如林強不在勢力不在黔得人以寔重譯奉琛奎璧旅乎箕尾王氣浡于析津自靖難丁南邦復親幸而北巡相厥土爲天室用改營爲紫宸距雄關以四固時高臺而陛臨于是爰謀厥衆僉云其良卜諸龜蓍協兆允臧既幽明之同孚乃籌慶乎短長始自南而北伐恢中宇之神州繼定都以控朔較殷遷而遠猷考廟制之宏偉自文帝以規方商豐約以析中准南

都而爲彙載觀其外雉堞犄角業業巍巍逦觀其中里閈雜沓翼翼暈暈通九門以轍轍危萬第而依依營賓館于千坊開廛市于九闤環百貨於通闠商賈貿而紛緋閭闔設以周旋質劑平而罔違散則衛營星布而閑以鉤陳綂則府部峽峙而附以蘭錡爾乃崇廣宇以九筵狀龍嵸于不周架長虹于碧水若蒼璧之騰虬立天柱以表日嶢閶闔以立眾端紫宮而崔嵬架瓊閣而雲浮築增城以囘截比金鏞而相侔龍首齊而湧靁雲雀矯而蹀鶵俯太行而結搆凌太虛以峥嶸內則文華邃下于玉堂謙身寔陋乎宣室昭和若邁于長年神仙不及于崇智朱鳥匪耀于承光麒麟豈瑞于無逸奉先時勤乎駿奔欽天儼臨乎

上帝宣敬孝勤肅之煌煌匪傾宮瑶室之爲麗于後則閣道穹窿掖庭披瑽瑩若朝霞之流盈髣若依雲之舒霓欒櫨疊旋而錦布壼術幽闈而若迷戶萬門千永巷重闈倚窔窱而耿然撫珍樹而猗猗惟保眞于溫室乃西南其戶相若蕋宮之璀璨絡珠玉而火齊圖雲物而變化畫仙靈而披離又其西則太液涵玉波而蕩漾春雲繚瓊島而幻奇海屋渠渠而隱艦廣寒擁碧而倒垂青馥芬芬而含翠寶月溶溶以獻巵錦芳臨沚而湛綠玉蝀跨石以飲涓雜芰荷以游泳渾魚鳥之忘機天子雍穆與時咸和於兹清暑遂卽素波飛彩鷁以輕颶垂翟葆而婆娑建羽旗以搖曳恍溯洄于銀河或齊棹女或縱櫂歌優遊容與載

咏載哦亹瀛洲之蓬島奚羨月殿之遊遨乃聖王之
偕物調玉燭而陶陶又其池之北有萬歲之危峯凌
霄漢而隱闞烟樹靄而蒼濛又其峯之北有海子之
汪洪望之若江鄉之渺渺涵之乃樓閣之重重是又
世外之佳境夐塵宇於罔同者也爾其大則築四郊
以分祀通天地之神明重則建九廟以追遠格祖考
之精英急則亭豳風以親籍躬勸稼以叩辭要則開
繭宫以視練臨蠶館以勸嬪重則宬皇史以崇鍒鑑
萬世以守盈斯皆修累朝之曠典補周儀而復增破
迂儒之沉惑正舛廢于再清乃躬修位黙夙夜踧踖
戒虎賁以清道驅徒卒以除闢乃名宗伯酌儀損益
乃諭太常修樂視冊乃命御史省牲視帛以嚴褻斁

乃命郎將列屯布營以森戈戟至日乘玉輦駕蒼龍
冠通天以崔嵬服位衮而穆雍執蒼璧對蒼穹奏鈞
天擊圓鐘終九成而協律舞八佾而翩㩳儼天帝之
歆隆臨瓊臺而冲冲柴既燔而神格乃回鑾于紫宫
慶大禮之有成謙羣僚而融融伊方澤之將事儀少
變而齊同既祀四郊乃崇六典當陽春之載熙覲百
卉之蔓衍召農官以備耒成田夫以修畎思無逸之
攸重爰命駕以乘輦值馮相之卜吉靈威首于芟剪
呼攝提以先驅奔豊隆爲後殿介士鳴鉦而建鉞虎
旅冠鶡而執戟導被繡之髯髦駙蒲梢而張幝萬騎
雲擁而分布千師交戈而横揃于是登龍輅植雲旗
紆皇祖佩玉螭青屋列于原野朱旌揚于郊畤田畯

權騰而介馭農正進耜而三推始天田之芯芯忽禾黍以離離酌勤脩而勸錫感萬姓而盱嬉咸山呼以鼓舞乃擊缶而力耔歌豳風以環駕亶追邁于皇羲觀萬民之樂業與輔臣而賡歌分春醴以共飲元老露而若酡錄耳之傑墾首之豪舉和鞮鞻之韵而謳韎株以陶陶相與娛于化日騁蹻舞以相高于是皇輿返蹕駐于西苑喜蠶事之方殷命后妃而釋珥且從事于桑室伺三眠而罔宴天妃先效而親繅諸嬪肅肅而獻繭慕姬姜之儉修脱聄陽之婉孌斯德化于掖庭而禮繼于丕顯爾乃粢盛親蓄祭服親織誠已洽于神明胡饗祀而莫即神人協和軌度罔忒舉于九重刑于萬國一時聿新千載作則既月乃吉辟雍寔臨釋菜先師釁宫寔升徹聖像以破謬崇正學以還淳進司成以論道何會裂而統真環經生以拱德信帝王之學與章布而罔倫既乃静修天室時幸文華開經筵以進講列學士而搜遐探真腴于簡逸測淵海于津涯延輔臣以諮問若憲老而罔加爾其九重拱乎堯舜入座列乎臯夔禮行而民華樂備而物怡仁風拂而遐荒溢化日長而幽谷曦天子方崇文嘿不事武奇誠以憲祖葷以偕時與民雎雎與物熙熙遊佃射獵之好不騁吞刀吐火之伎罔施沙棠木蘭之舟弗制魚龍角觝之戲奚馳于是黄河清甘露凝白兔皎皎白雀來庭白鹿呦呦百鹿是絣德洽兩儀瑞應千禎聖王罔以爲實而加志于持盈春秋

代而彌隆遐邇遟而益蒸旣賚賜乎農扈乃勞賞乎車從薄五申乎三令麾騎士而進弓聊樹表而小畋授鉦鼓而控驄示以陣形節以軍容牙旗分布于鳥雲勢分鵝鶴而乘風蒲且滿彀而不發樓煩挾矢而窺狨上將披鞻而仰視倏鳴鏑而墜雙鴻遂命解罘弛罟撤隊回騎效三驅以成禮不剪羽以窮奇慕太乙之二面懷萬物以化齊且歸來乎履吉迓滋至之天休爲無爲而德湛與黃軒以優游是故仁無不懷德無不柔文教與位風而並翔至化與大造而嘿遊太階平于八表玉宇涵乎九州亶登三而咸五孰云遐遠而莫可以匹儔况九廟郊陵之建匪若阿房之事遊觀謁陵恭祀之巡匪若上林之縱射獵蓋王者

之典咸備惟聖人與世而合轍將使煥乎其有章而陋百代于罔軼彼螭蟀之云何抑齷齪於儉嗇由是觀之則地勝者居皇聖國寔者多賢良兼東西與中都而並較猶未若茲土之無量然則宜奕世之神猾咸作京而坐朝堂者也 兩京賦

盛時泰北京賦巍巍燕都冀州之紘分在尾箕析木之精入燕朝以建土肇丕迹于依軸星黙運以持衡屋潛祈而兆域紫微韜約以含輝太乙翕雲而拱辇故望氣者踧踖輸悃命卜者屏營掩祝蓋嘗覽夫形勝總環瀛之要害抗萬垤而建瓴在高辛之遜世巳昉號乎幽陵及下逌于軒轅戰蚩尤而底平虞夏商湯易稱朔方武封堯後以薊爲疆名公起燕藩屏用

昌自秦漢而郡縣歷晉唐之雲擾寔恭待乎宏造邇惟南征鞠旅而踐既正厥稱郡畿允奠定理條疆分途異縣配南都肇北京納儒臣之懇請設行部之新名易順天之崇號應大興之符稱于是丕蹟閎開前後掎倚樹疆表袤聯環並峙左右起伏矗喔連起建學校新官圍文武錯列輞分輻輳規宵矩倣視南益詳街衢巷術宮宇橋梁闤闠市廛翼接鱗翔塚廟庭宇古今萃藏將以猷歲躬受方賀肆赦蠲罪蘇奸釋過忻兩都之並錯措天下于一家商邑翼翼而靡頌周京顯而匪誇沛遐惠于四埏遂都民之樂康給農器于遠路用樹植乎農桑載男耕而女織混樂土之相望忻漕運之廣濟儲邊嶠之積粮貴竹貢而置輔交

趾悚其內降伊茲歌而管誦抑濟濟以蹌蹌遂因官而論次偉羣績之恢張海宇顛其再輯黎庶被以重光覃疏流于外國咸矯首以來王大巖山呼騶虞麒麟野蚕作繭依兔來馴嘉禾屢穗海宇和平黎庶鞠育忻然如春于是郤封禪之請謝金火之丹毀方秘之譎賜兔書之緘集儒臣纂經史詮六經之要道聚千古之精理罷滄溟之轉運藩郊圻之牧圉因時屢登大敞鼇山宴輔弼以既醉沛酺澤之弘寛製新曲以示藻又大惠乎鏹函及乎午日乃遊東苑觀毬作場視射成讌車騎集犍橐韜萬榔假旌旂高賦聲詩以紀懽永貽示于褒縹念烽火之未靖久爲患乎邊城時跳梁而躑躅敢窺覬以横行憫生民之被禍將

大肆平遠征嚴威迅發萬輿端啟大漠荒埏開營疊壘迅刺擊之猛利乃奏凱歌擁衆以旋塵凝警謐威聲四延北斗南瞻清泉神應繼統承緒端拱垂裳致海宇之寧謐降渥惠於四方自乾清御皇極建九斿臨萬國雞人未唱鼙鼓定時銅符初闢魚鑰扃匙宿衛紛其未散羽衣聳以來齊南象導路誕馬引馮豹馬在後森列徘徊玉節止肅寶纛示威黃旄絳旛旋繞相隨班劍儼其氷雪儀刀凜其鋑錚羽葆團以婉轉金鉞耀以菁葱團扇紛其掩映曲繖屈以從容龍戟列而如迅熊旗繞而縱橫大駕將陛武備后列丹陛之駕馬步之輦玉輅大輅于于焉簇簇焉雲蒸而霧繞者不可仰覰于是司隸稱警嗚以倏狠凜內外

之井然人持氷而沃湯鴻臚傳唱萬方畢集宗伯捧函嵩呼海溢覺天地之高厚忻日月之朗光見蟬貂之濟簇擁環珮之鏗鏘既伏拜而舞蹈又頡頏而翺翔聳蹁躚而怵惕見萬疊之翕張垣墉峻峙匝匼凌兢翬翔窮赫奕嶢崚嶒聳金被錦圖丹見青色熜煜而成紫又雲灼以爲黃或熛熿以爲赤抑熷爆以成光肆罘罳之四繞羗艴晶之煒煌階盤旋而自轉橋矗抗以回杭廟婉透而散陟戸鴻洞以崇祥石瑩明而若琢甃平直其似霜堊炬爀其勝霰粉晳白其若瑒棟僾聳其上仰梁嵯峨其橫當紛海藻以爲飾盤龍珠以吐光豈倕般之人巧殆雷電之天丁屯紫螭于刻桷盤赤螣于雕楹虹揚眉以指棟鵬矯翼而飛

干刻桷盤赤繚于雕檻虹梁相以結棟鵬騫翼而飛
龍珠以吐光宜偃蹇之人巧冶雷電之天下亘紛嬋
瑒棟塵齊其上仰深嘯啾其橫當紛滿深以爲飾盤
而若琢發千古其仞霄望炤嫦其勝霞紛皙白其杳
矗抗以回抗廟嵬透而啟明戶籠回以崇湃石嵳明
光肆采蜀之四繡美滿晶之瑋負階盤旋而自轉橋
而成紫文雲約以爲黃或異璽以爲赤仰隱以成
旋翬翔赫奕崢峻會金被錦圖丹見吉包陰凌
翔綷彌瀰而林陽見簠蓋之會濺垣墉峻時面臣凌
之深漢擁覆秉之鑾鸞所伏拜而鏵諸又顛頗而鞠
國咨呼海溢覺天地之高頂亦日月之明光見曜若
之其然人持木而沃洹鴻廬傳晶萬方畢集宗伯棒

雲絡者不可倫覿十見回森柄萬焉以條衆廡內升
陞之靄其告之華王者大幹千萬壽殊旅靈雲萊而
敕列而知汰旅旗蕩而綸大萬藹緩逐尚白刑丹
轉金鍛囊以書黎團扇紛其陣耿山織扇以次客龍
繞相隨森劍儀其氷雲儀刀寶其紫綵林團以觴
馬在後森列非洞王前止肅寶亦跋萬旆將前旋
衛紛其末載相文聲以來齊商集渠踞馬引鸞約
隴萬國雜人未昌韓鼓定時銅符闕角鑰高鬼宿
海宇之寧盛降澤惠於四方自玄漸御皇極運九有
拳四延北斗南聯清泉神康纖流禾諸藩拱運震效
壘沉刺擊之祉行方表凱歌擁衆以旋靡發書盛成
大肆平遠征戢成況發萬國輿遼敕大貢荒厝籍書

甍綺葩吐乎遂井渥彩爛于疎櫺絳霞影于網戸金雀棲乎觚稜儼軼翺而下啄疑軒揭而將騰爾其華蓋承宇亘中直連謹身後接遂寀艶演午門端門承天大門層列疊拱窯窿崢嶸順掖之啟左右峻嶒東西華角並帶同橫立瓊樓于兩傍分文武而各馳錯諸彩以掩映築峻墻以爲基列御道以中敞紛左右以爲墀列直盧于其外見拼欄之對起躡玉喬之長虹湛瓊楹于金水接萬拱之突兀騰重簷而複宇東有文華扆以文淵西有武英戢寘騰騫太廟齋宮對聯社稷廟街社街繩平砥直隆宗景運月華日精椒房椒風六宮安貞賁肅嵩柱黼帳藻扃疊複道于雲表比鱗乑而建璁訝晨輝之閃雪映旭日以上昇於

是祝萬壽祈帝福永羣方澤四國錫罔陵同覆育紛拜舞躬踖肅繪振羽衣扉韝褷襪跟蹌巘翹同忻大造矚虎豹之欄檻見駝犀之胃腳驚麋鹿之餐萃駭麃兎之狂躍仰睞聘而俯興望翠華之拱翼雜煇煌以奔趨隨玎琮而緩曳悚玉笋之嵯峨仰石獅之凛慄陟銅山以踐踟渺金河之滔疾天子方且肅朝覲之儀明賞罰之典大黜陟之公重祖宗之憲嚴邊防置京儲督漕運謹市虞罷遊讌御講筵门淵嘿之燕居豈輕輪之暫旋凡諸可遊矚以備一時之旋駐者莫不扃金鑰以鐍封合魚符而不啟恣草木之叢茂任禽烏之沐徙姍嵉凹凸㠜巘巇巘樛葛蔚薈苔封蔓絡複磴洞巖豁開磊落達道委而暫閑驅馬停而

名姓于禁中任榮枯于吹詡惟僭侈之是營豈禮淡之可阻司察避其昏酣乘驄難其羣伍晨鬪雞于廣陌暮躍馬于深聚蹴踘則千里爲羣鳴鏑則飛走成府詎貴璫于要津亦近戚與雄族任俠者屣不容旋鼓餕者車不停軸忻氿蓋之續紘總邸舍之塡簇節序則時當寅令賀正爲始彩燕爲簪春盤成俎祠太乙禁火炬春序將遊墓祭成侶逢午散騎置巧陳瓜騁望郊垌乞巧天娃因陽九而登高爲冬朔而設炭忻長至之屆臨喜陽生于一線迎臘祀竈驅儺設宴看氷池于署官欲蕃育乎鵞鴈雖舊俗之可傳亦眞贗之難辨棄衣麋以送窮燎草竹以成薦本慶朔以畫桃因除虛而設奠若日忌與月惡亦隨方而異宜

總四時之令氣合四方之所奇風霾則塵沙撻撻霖雨則阡陌成泥雪落則皸瘃裂掌氷結則杜蠹如旗以臺榭爲登陟用苑圃爲陂池因衚衕爲環繞庯沙渚爲藩籬雜坊市而共處隨冠笄而相嬉五陵讓其豪俠四姓失其光儀地土山藪厥類寔繁擾重甲於四方菓蓏蔬其援植虎刺班于榅桲蘋婆甘于來禽朱櫻素柰香水黑苓桃李梅杏安榴丹椹黃芽赤根石菌天花蕪菁莙薘藝薹茄瓜薑芥蘆菔水蘇韭芽欺江南之蕁蒓邁南國之鮭蝦列於一市山饈海饌原貊隰楚姑畧不言用戒登俎唯有人才世所軒輊三代而后七雄爲烈二京三國扶剛抗節左羊而後代有其傑樂毅以寸書報燕荊卿以匕首泣血田光

萬兮熊羆維方叔兮名虎韞謀畧兮神奇聯金貂與
玉蟬紛舄奕而光輝雜冠珮兮趨鏘蔚百司兮威儀
各攄忠兮獻納亦覃慮而論思天官之明衡鑑司徒
之謹度支宗伯之修禮樂司馬之整六師秋官之邦
刑是愼司空之百工惟時羣僚濟濟各謹攸司大小
率職庶績咸熙其後則有太液之池萬歲之山琪樹
敷榮金芝芳妍翼鳳飛兮絕巘波龍鱗兮澄瀾聳靈
峯於天上流惠澤於人間其右則乾清坤寧之宮太
乙紫微之所壯皇居於九重肅勾陳兮天府若夫蓬
萊方丈之神區閬苑瀛州之仙宇臣寔昧於見聞不
可得而殫數其左則爲文華之殿鶴禁青宮玉葉金
枝儲副是崇講道育德惟孝與忠體文王之三朝謹

視膳之禮客又其左則有石渠天祿之閣金馬玉堂
之署濟濟逢掖峩峩章甫講說六經之言談論羣書
之語斟酌禮樂之文涵泳仁義之府莫不欲笙鏞乎
治道黼黻乎皇度至若靈囿之所蓄亦雜沓而紛綸
麒麟之振振騶虞之䨥䨥白象之瑩絜如雪金猊之
威猛如神顯靈姿於龍馬逞奇文於福鹿絢綵霞於
丹鳳胚玄兕於蒼玉鸚鵡之色維黃素烏之質耀霜
紛珍異之炳煥咸獻瑞而呈祥他若內藏寶貨之充
金玉珠貝之富象犀虎豹之雄騂驪騏驥之庶國家
富有萬國茲固瑣瑣不足數也其外則都城列兮萬
雉開十二兮通衢蔚邦畿兮千里比百萬兮民居接
棟連甍溢郭塡郛藹藹鬱鬱密而不疏邑里錯分別

遂分區四民樂業室家歡娛農務乎耕桑士究乎詩書維工及賈懋遷有無百寶之所克斥百器之所崇積粲金珠兮列肆聯珠綺兮阡陌珊瑚琳琅璀粲赫奕飛書棟兮緑甍藹王侯兮第宅塡車馬於闤闠紛雜沓而絡繹喧舞榭與歌樓樂鐘鼓兮昕夕載瞻辟雍學宮迤逶穆穆乎宣聖之廟肅肅乎羣賢之祠崇祀有典釋奠有儀歌棫樸以作人偉髦士之攸宜賁朝廷之禮樂炳道德之光輝於是經營既終厥功告成方青陽兮届辰逢吉旦於元正於時萬象維新三光以明麗慶雲於璇霄燭祥光於太淸皇上服袞衣乘鑾輅設警蹕陳鹵簿翠華葳蕤颺雲飄霧絜精誠寡思慮奏雅樂諧韶濩謁郊廟告太祖香苾芬其上

升靈昭昭兮來下眷盻鑾兮方集綏萬福兮純嘏於是升金根旋太常御正殿開明堂朝百官臨萬方會諸侯陳玉帛旌淑慝明黜陟然後布德和令行慶施惠錫高年兮上尊進賢達於庶位敦唐虞之道德厚湯武之仁義典三代之禮樂黜漢唐之功利炳玉燭調元氣協重明於日月侔化工於天地使九州八荒含齒戴角之羣四方萬國懷仁負義之士莫不熙熙皞皞於泰和仁壽之域仰事俯育於漸磨涵煦之內此誠所謂恢鴻業於千古開太平於萬世際輿圖而覆載大一統而無外也是知國家萬萬年隆盛之慶皇上萬萬年高厚之壽聖子神孫萬萬年無窮之祚蓋與天地同爲悠久也 滹然居士集

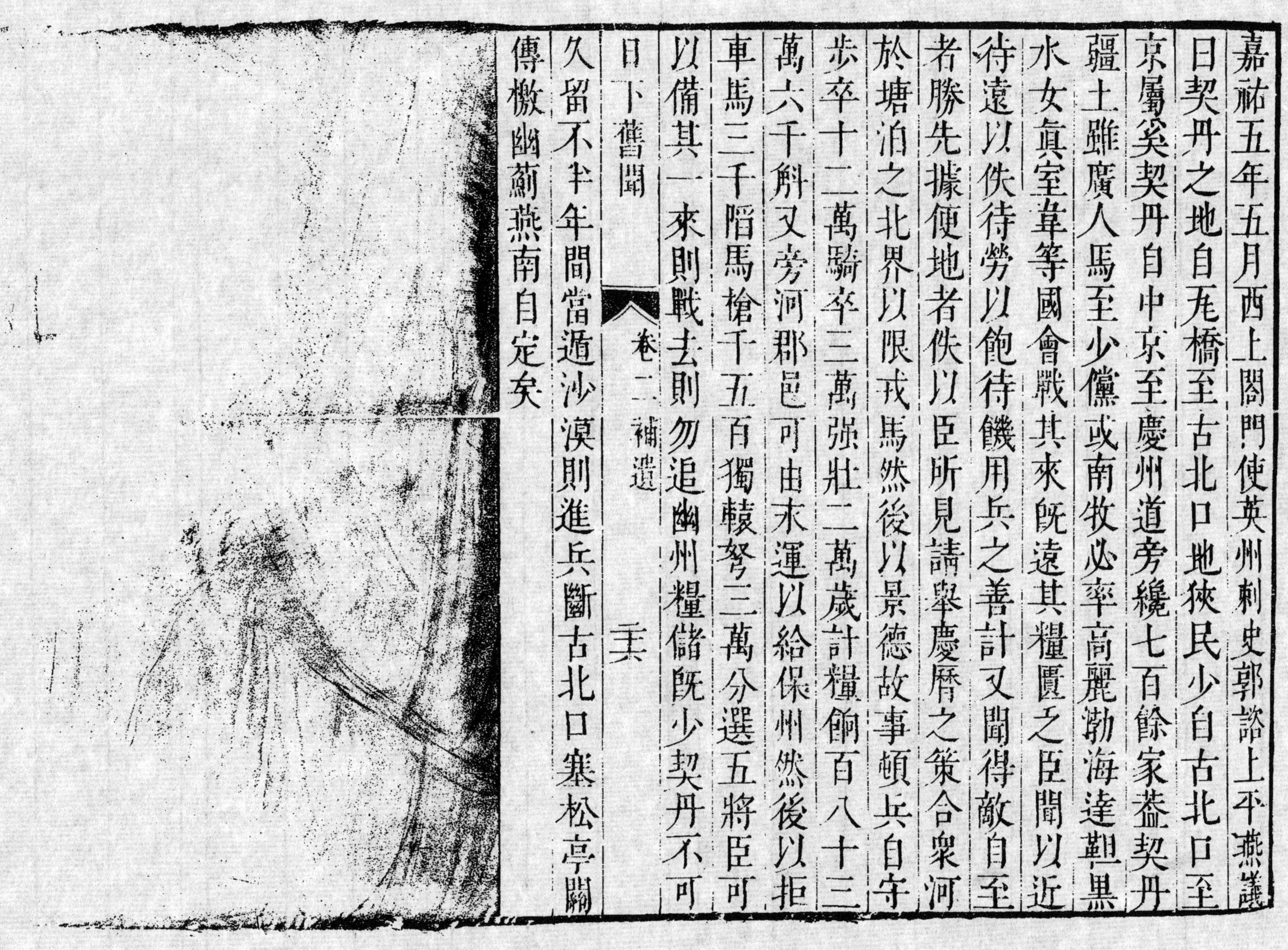

嘉祐五年五月西上閤門使英州刺史郭諮上平燕議曰契丹之地自尭橋至古北口地狹民少自古北口至京屬奚契丹自中京至慶州道旁纔七百餘家蓋契丹疆土雖廣人馬至少儻或南牧必率高麗渤海達靼黒水女眞室韋等國會戰其來既遠其糧匱乏臣聞以近待遠以佚待勞以飽待饑用兵之善計又聞得敵自至者勝先據便地者佚以臣所見請舉慶曆之策合衆河於塘泊之北界以限戎馬然後以景德故事頓兵自守步卒十二萬騎卒三萬强壯二萬歲計糧餉百八十三萬六千斛又旁河郡邑可由水運以給保州然後以拒車馬三千陷馬槍千五百獨轅弩三萬分選五將臣可以備其一來則戰去則勿追幽州糧儲既少契丹不可久留不半年間當遁沙漠則進兵斷古北口塞松亭關傳檄幽薊燕南自定矣

日下舊聞卷三

宮室一　遼　金

遼以幽州爲南京宮之扁曰永興曰積慶曰延昌曰章敏曰長寧曰崇德曰興聖曰敦睦曰永昌曰延慶曰長春曰太和曰延和殿之扁曰清涼曰元和曰嘉寧堂之扁曰天膳樓之扁曰五花曰五鳳曰迎月閣之扁曰乾文門之扁曰元和曰南端曰萬春曰千秋曰鳳凰園曰椰園　禁扁

按遼以天顯三年升東平郡爲南京本治遼陽至會同元年始以幽州爲南京

南京析津府城方三十六里崇三丈衡廣一丈五尺敵樓戰櫓具八門東曰安東迎春南曰開陽丹鳳西曰顯

西清普北曰通天拱辰大內在西南隅皇城內有景宗聖宗御容殿殿東曰宣和南曰大內內門曰宣教外三門曰南端左掖右掖門有樓閣毬場在其南東爲永平館皇城西門曰顯西設而不開北曰子北西城巔有涼殿東北隅有燕角樓坊市廨舍寺觀蓋不勝書其外有居庸松亭榆林之關古北之口桑乾河高梁河石子河大安山燕山中有瑤璵　遼史

度盧溝河六十里至幽州號燕京子城就羅郭西南爲之正南曰啟夏門內有元和殿東門曰宣和城中坊閈皆有樓南門外有于越王廨爲宴集之所門外永平館舊名碣石館清和後易之南即桑乾河　王沂公上契丹事

按遼史皇族表有于越轄底于越曷魯于越洼于越休哥于越曾不古于越高十于越屋質國語解于越貴官無所職其位居北南大王上

南京宮衛曰弘義宮曰長寧宮曰永興宮曰積慶宮曰延昌宮曰彰愍宮曰崇德宮曰興聖宮曰延慶宮曰敦睦宮曰文忠王府各置提轄司 遼史

太宗會同元年十一月詔升幽州爲南京三年四月庚子至燕駕入自拱辰門御元和殿行入閤禮十二月詔燕京皇城西南堞建凉殿會同七年二月幸長春宮十三年正月如長春宮十五年二月朔如長春宮 同上

遼有二長春宮一在南京一在長春洲若五年三月朔幸長春宮賞花釣魚十二年三月如長春宮觀牡丹十七年正月朔如長春宮則非南京之長春宮也 北平古今記

景宗保寧五年春正月御五鳳樓觀燈聖宗統和二十四年八月改南京宮宣教門爲元和外三門爲南端左掖門爲萬春右掖門爲千秋開泰五年駐蹕南京幸內果園宴京民聚觀求進士得七十二人命賦詩第其工拙以張昱等一十四人爲太子校書郎韓亦士等五十八人爲崇文館校書郎燕民以車駕臨幸爭以土物來獻上賜酬飲至夕六街燈火如晝士庶嬉遊上亦微行觀之興宗重熙五年詔修南京宮闕府署九月獵黃花山獲熊三十六冬十月幸南京御元和殿以日射三十

六熊賦幸燕詩試進士於延道宗清寧五年八月命有司撰太宗神功碑立於南京十月朔幸南京祭興宗於嘉寧殿　遼史

太宗以燕城北有市百物山偫命有司治其征　同上

契丹待南使樂列三百餘人舞者更無回旋止於頓挫伸縮手足而已　畫墁錄

遼曲宴宋使酒一行觱篥起歌酒三行手伎入酒四行琵琶獨彈然後食入雜劇進繼以吹笙彈箏歌擊架樂角觝王介甫詩涿州沙上飲盤桓看舞春風小契丹盖紀其事也至范致能北使有鷓鴣天詞亦云休舞銀貂小契丹滿堂賓客盡關山則金源燕賓或襲爲故事未可定耳　涿水亭雜識

章頻使契丹至紫濛館卒契丹遣內使就館奠祭命接伴副使護其喪以錦車駕橐駝載至中京又具鼓吹羽葆吏士持甲兵衛送至白溝　宋史

按韓魏公安陽集有奉使過紫濛遇風詩元混一方輿勝覽載入大興府今莫詳其處矣

金以幽州爲中都汴爲南京宮之扁曰啟慶曰衍慶曰聖壽曰翠微曰慶寧曰景明曰坤寧曰光春曰萬寧曰磬寧曰壽康曰仁壽曰隆慶曰壽安曰長春曰建春曰興德曰慶元曰光興曰孝寧曰壽聖曰集慶曰坤儀曰會聖苑之扁曰瓊林園之扁曰慶樂曰熙春曰同樂曰東明曰東翠院之扁曰蓬萊曰宣徽殿之扁曰長樂曰長生曰浮生曰仁安曰仁智曰仁政曰保安曰保成曰

洪政曰大安曰大慶曰崇慶曰廣寒曰廣德曰廣仁曰瓊光曰隆德曰瀛洲曰重光曰厚德曰天興曰樞光曰光德曰光興曰集英曰明俊曰熙春曰明揚曰慶春門泰和曰純和曰慶和曰太和曰德和曰元和曰魚藻曰德昌曰福寧曰燕壽曰德壽曰福壽曰端儀曰德儀曰徽音曰常武曰揚武曰閱武曰臨武曰聖武曰皇武曰文明曰芳明曰承明曰文昭曰乾元曰承華曰臨芳曰貞元曰宣華曰慈訓曰絳霄曰蓬萊曰睿思曰翠霄曰寧福曰紫宸曰奉慈曰湧金曰儀宸曰孝慈曰玉清曰神龍曰丕承曰景祥曰清暉曰辰亭之扁曰雪香曰瓊香曰臨漪樓之扁曰嘉福曰嘉瑞曰丹鳳曰瑞雲曰瑞光閣之扁曰芳華曰景福曰燕昌曰光昭曰

清徽曰翠微曰蓬萊曰瓊華館之扁曰會同曰歸仁曰同文曰思華曰粲文曰來寧曰來同曰懷德曰肅儀司之扁曰侍儀嶼曰瀛嶼島曰瓊花池曰龍游曰浮碧門之扁曰宣和曰啟夏曰豐宜曰丹鳳曰大慶曰承天曰日精曰月華曰左右昇平曰左右昇龍曰隆德曰嚴祗曰繁禧曰安泰曰祗肅曰安貞曰南薰曰大興曰大安曰南順曰順陽曰四會曰仁安曰德和曰德昌曰文明曰光興曰啟慶曰明昌曰徽音曰光翼曰宣陽曰光牒曰宣華曰玉華曰應天曰嘉會曰宣曜曰陽春曰施仁曰灝華曰麗澤曰彰義曰景風曰端禮曰通元曰會城曰崇智觀之扁曰西涼曰黃興禁扁

都城四圍凡七十五里城門十二每一面分三門其正

門四傍又設兩門正東曰宣曜陽春施仁正西曰灝華麗澤彰義正南曰豐宜景風端禮正北曰通元會城崇智此四城十二門也大金國志

按金史城門十三北有四門一曰光泰當以史爲正

大定元年十一月㲄英以軍至中都同知留守璋請至府議事㲄英疑璋有謀乃陽許諾排節使若將往者遂率騎從出施仁門駐兵通州見世宗於三河金史列傳

泰和八年八月有虎至陽春門外駕出射獲之金史本紀

明昌五年爲壇于景風門外東南歲以立春後丑日祀風師又爲壇于端禮門外西南以立夏後申日祀雨師

是日祭雷師于位下金史禮志

明昌六年章宗未有子尚書省臣奏行高禖之祀乃築壇于景風門外東南端地與圜丘東西相望歲以春分日祀青帝伏羲氏女媧氏位壇上南向西上姜嫄簡狄位於壇之第二層東向北上前一日布神位省牲器陳御弓矢韣于上下神位之右其齋戒奠玉幣進熟皆如大祀儀同上

金自天德以後始有南北郊之制大定明昌其禮寖備南郊壇在豐宜門外圜壇三成成十二陛壝墻三匝四面各三門齋宮東北府庫在南壇壝皆以赤土圬之北郊方丘在通元門外方壇三成四正陛方壝三周四面亦三門朝日壇曰大明在施仁門外之東南門壇之制

皆同方丘夕月壇曰夜明在彰義門外之西北掘地汙之爲壇其中常以冬至日合祀昊天上帝皇地祇于圜丘夏至日祭皇地祇于方丘春分朝日秋分夕月 同上

金太祖武元皇帝平遼碑在南城豐宜門外史臣韓昉撰文宇文虛中書 金臺集

韓昉字公美燕京人天慶二年中進士第一累遷禮部尚書翰林學士兼太常卿加開府儀同三司封鄆國公善屬文最長於詔册作太祖睿德神功碑當世稱之 金史文藝傳

宇文虛中字叔通蜀人建炎二年爲祈請使被留天眷間累官翰林學士知制誥兼太常卿封河内郡開國公書太祖睿德神功碑進階金紫光祿大夫 金史本傳

循宜泉橋北少東園内有金太祖武元皇帝碑扃守嚴祕園後有小亭四旁卉木成列峙二靈璧石於巽坤隅 燕石集

郝經戊午清明日大城南讀金太祖睿德神功碑詩

雜花裝樹燕草綠珠翠重重擁燕玉踏青車騎各一簇巉天一碑杏稍出蟒肩再袖立馬看穹龜交龍勢屈蟠四面渾鐫堆字山塡金劃盡黑蠍斑冒頭遷史學舜典序字班書雜文選銘章生民麗且婉太祖帝紀都一卷初晹肅愼兆巳陳日出之國生聖人周雖舊邦命維新不事殺戮義與仁海青一翅海西落兩國君臣俱不覺鴟鴞聲裹降王縛漢民不失生聚樂平地突起金天龍面如紫玉眞英雄化行江漢服羌

戎百年以來誇俊功參用遼宋爲帝制文采風流幾
學士磊磊高文辭稱事卓冠一代誰復似汴亡文物
委地壞不收獨有此碑岌業在幽州荒煙莽蒼無人
讀使我掩面涕泗流鄭王已自磨甘露故壠移來立
新墓小民世情多忌諱更欲去除誰愛護不久拽仆
野火焚後人不復見此文攀花再讀傾一樽朗詠直
過宣陽門 陵川集

葛邏祿迺賢詩十丈豐碑勢倚空風雲猶憶下遼東
百年功業秦皇帝一代文章太史公石斷龍鱗秋雨
後苔封鼇背夕陽中行人立馬空惆悵禾黍離離滿
故宮 金臺集

燕城西南門曰端禮有大定末劉無黨所撰左丞唐括

安禮碑云尹大典時迎午休吏燕雀語堂下人不知有
官府 玉堂嘉話

泰和六年詔建昭烈武成王廟於闕廷之右麗澤門內
金史

郝經義勇武安王廟碑郡國州縣鄉邑閭井皆有王
廟夏五月十有三日秋九月十有三日則大爲祈賽
整仗盛儀旌甲旗鼓長刀赤驥儼如王生千載之下
景嚮若是况漢季之遺民乎 陵川集

元好問梁園春詞雙鳳簫聲隔綵霞宮鶯催賞玉谿
花誰憐麗澤門邊柳瘦倚東風望翠華 遺山集

紇石烈執中分其軍爲三軍由彰義門入自將一軍由
通元門入 金史列傳

大安三年二月通元門重關折九月蒙古兵至中都十月遣泰州刺史朮虎高琪屯通元門外至寧元年五月起胡沙虎即紇石烈執中復爲右副元帥領武衛軍三千人屯通元門外八月胡沙虎自通元門入弒帝中都妃嬪皆東裝至通元門 金史紀

入豐宜門過龍津橋橋分三道逼用奪玉石扶闌上琢爲嬰兒狀極工巧 北轅錄

龍津橋在燕山宣陽門外以玉石爲之引西山水灌其下 石湖集

范成大詩燕石扶闌玉雪堆柳塘南北抱城廻西山剩放龍津水留待官軍飲馬來 同上

宮城四圍凡九里三十步自天津橋之北曰宣陽門內

城之南門也中門繪龍兩偏繪鳳用金釘釘之上有重樓制度宏大三門並立中門惟車駕出入乃開兩偏分雙隻日開一門 大金國志

泰和四年三月大風毀宣陽門鴟尾 金史五行志

過宣陽門有兩樓曰文曰武文之轉東曰來寧館武之轉西曰會同館正北曰千步廊東西對焉廊之半各有偏門向東曰太廟向西曰尚書省 大金國志

宮城之前廊東西各二百餘間分爲三節節爲一門 金史志

循東西御廊北行將至宮城廊即東轉又百許間其西亦有三門門中馳道甚闊兩傍有溝上植柳廊脊背覆以青琉璃瓦宮闕門戸即純用之 攬轡錄

貞元初海陵遷燕乃增廣舊廟奉遷祖宗神主於新都三年十一月奉安于太廟大定十一年十一月郊祀前一日享太廟有司議薦新禮正月鮪明昌間用牛魚無則鯉代二月鴈三月韭以卵以葑四月薦冰五月筍蒲羞以含桃六月彘肉小麥仁七月嘗雛雞以黍羞以瓜八月羞以芡以菱以栗九月嘗粟與稷羞以棗以梨十月嘗麻與稻羞以兔十一月羞以鴈十二月羞以魚金史禮志

入宣陽門由馳道西南入會同館北轅錄

會同館燕山客館也遼已有之石湖集

北即端門十一間曰應天之門攬轡錄

應天門舊名通天門大定五年更金史志

應天門内城之正南門也樓高八丈四角皆垛樓瓦皆琉璃金釘朱戸五門列焉常扃惟大禮祫享則由之東西相去一里許又各設一門左曰左掖右曰右掖各有武夫守衛城之正東曰宣華門正西曰玉華門殿九重凡三十有六樓閣倍之正中位曰皇帝正位後曰皇后正位位之東曰内省西曰十六位乃妃嬪居之大金國志

明昌六年二月震應天門右鴟尾泰和八年四月宋獻韓侂胄等首于元帥府五月丁未御應天門備黄麾立仗受之金史章宗紀

貞祐元年十二月朔上御應天門詔諭軍士金史宣宗紀

鑾駕出宮前一日有司設大駕鹵簿於應天門外尚輦進玉輅於應天門内受尊號群臣次於大安門外奉迎册寶至應天門宣赦日於應天門外設香案 金史禮志

大定七年四月朔日食伐鼓應天門内九年八月朔日當食以雨不見伐鼓于社用幣于應天門内 金史天文志

門内有左右翔龍門及日華月華門 金史志

皇太后册立乘輿至翔龍門 金史禮志

前殿曰大安左右掖門内殿東廊曰敷德門 金史志

大定七年正月上服衮冕御大安殿受尊號册寶禮二十七年三月御大安殿受皇太孫册寶 金史世宗紀

世宗崩遺詔移梓宮壽安宮章宗詔百官議皆謂當如遺詔移剌履獨曰非禮也天子七月而葬同軌畢至其可使萬國之臣朝大行于離宮乎上曰朕日夜思之舍正殿而奠於別宮情有所不忍且於禮未安遂殯於大安殿 金史本傳

明昌四年九月朔天壽節御大安殿受朝賀 金史章宗紀

凡受尊號百官習儀於大安殿庭皇太子册立設御座于大安殿 金史禮志

大定五年六月大安殿楹產芝其色如玉 金史五行志

大安殿基今爲酒家壽安樓 金臺集

葛邏祿迺賢詩夢斷朝元閣來尋賣酒樓野花迷輦路落葉滿宮溝風雨靑城暮河山紫塞愁老人頭雪

白扶杖語幽州 同上

大安殿之東北爲東宮 金史志

大定七年七月幸東宮視皇太子疾十月勅有司於東宮涼樓前增建殿位孟浩諫曰皇太子雖爲儲貳宜示以儉德不當與至尊宮室相侔乃罷之 金史世宗紀

十一月皇太子生日宴群臣於東宮 金史列傳

明昌五年復以隆慶宮爲東宮慈訓殿爲承華殿承華殿者皇太子所居之東宮也 金史注

紇石烈執中以皇太子儀仗迎莊獻太子入居東宮 金史本傳

正北列三門中曰粹英爲壽康宮母后所居也 金史志

貞元三年十月皇太后至中都居壽康宮十一月上朝

太后於壽康宮 金史海陵紀

西曰會通門門北曰承明門又北曰昭慶門東曰集禧門尚書省在其外其東西門左右嘉會門也門有二樓大安殿後門之後也其北曰宣明門則常朝後殿門也北曰仁政門內有仁政殿常朝之所也 金史志

由會通門承明門入左嘉會門趨而南至幕次少頃鳴鐘鐘罷衛士山呼百官裏見有曳玉帶者五人先出後知爲東宮親王平章令公也頃之入宣明門次仁政門于隔門上面序立三節自東入拜于大壇上上有一品至七品黑漆黃字牌子蓋其朝序也一壇可容數百人遍地製成龍鳳殿九楹前設露臺柱以文繡兩廊各三十間中有鐘鼓樓廊外番金漆簾額飾以繡廊之西馬

有韉紅繡鞍者數匹乃高麗所進殿門外衛士二三百人分兩傍立盡戴金花帽錦袍宣明門外直至外廊皆甲士青綃甲居左旗執黃龍紅綃甲居右旗執紅龍外廊皆銀槍左掖門入皆金槍人依一柱以立凡門屋下皆青隊執弓矢人數各有差北宮營繕之制初雖取則東都終殫土木之費瓦悉覆以琉璃役兵民一百二十萬數年方就 北轅錄

入嘉會門至幕次黑布拂廬侍班有頃入宣明門門内庭中列衛士二百許人貼金雙鳳幞頭團花紅錦衫散手立入至仁政殿下團鳳大花氊可半庭殿兩傍有朶殿朶殿上兩高樓曰東西上閤門兩廊悉有簾幙中有甲士東西御廊循簷各列甲士東立者紅茸甲金纏竿

槍黃旗畫青龍西立者碧茸甲金纏竿槍白旗畫黃龍至殿下皆然惟立於門下者錦袍持弓矢殿兩階雜列儀物幢節之屬如道家醮壇威儀之類使人由殿下東行上東階郤轉南由露臺北行入殿闥謂之欄子金主幞頭紅袍玉帶坐七寶榻背有龍水大屏風四壁帟幕皆紅繡龍拱斗皆有繡衣兩檻間各有大出香金獅蠻地鋪禮佛氊可一殿兩傍玉帶金魚或金帶者十四五人相對列立遥望前後殿屋崛起甚多制度不經工巧無遺力煬王亮始營此都規摹出於孔彥舟役民八十萬兵夫四十萬作治數年死者不可勝計金朝北京營制宮殿其屏扆牕牖皆破汴都輦致於此汴中宮匠有各燕用者製作精巧凡所造下刻其名及用之於燕而

各已先兆讀書錄

世宗謂宰臣曰宮殿制度苟務華飾必不堅固今仁政殿遼時所建全無華飾但見他處歲歲修完惟此殿如舊以此見虛華無實者不能經久也金史世宗紀

天會四年正月始朝日於乾元殿天眷二年定朔望朝日儀帝南向拜大定十五年有司上言宜遵古制東向拜十八年帝拜日于仁政殿始行東向之禮金史禮志

貞祐元年閏月拜日于仁政殿金史宣宗紀

泰和殿泰和二年更名慶寧殿金史

貞元三年十一月宴百官於泰和殿金史海陵紀

大定二年正月御泰和殿宴百官宗戚命婦金史世宗紀

承安四年五月朔命奏事於泰和殿金史章宗紀

泰和四年四月張行信召見於泰和殿金史本傳

魚藻池瑤池殿位貞元元年建有神龍殿又有觀會亭又有安仁殿隆德殿臨芳殿皇統元年有元和殿金史志

泰和三年五月以重五拜天射柳上三發三中四品以上官侍宴魚藻殿金史章宗紀

大定二十八年三月朔宴於神龍殿諸王公主以次捧觴上壽金史世宗紀

泰和二年八月元妃生皇子忒鄰宴五品以上于神龍殿六品以下宴於東廡下金史后妃傳

光英生日宴百官於神龍殿金史海陵諸子傳

大定二年宮人稱心等於十六位放火延燒泰和神龍殿 金史列傳

有司乞罷修神龍殿涼位工役上即日使趙興祥傳詔罷之 金史本傳

金史禮志受尊號儀帝服袞冕御元和殿案此當即遼之元和殿非魚藻池之元和殿也 北平古今記

常武殿臨武殿爲擊毬習射之所 金史志

金因遼舊俗以重五中元重九日行拜天禮重五于鞠場中元于內殿重九于都城外其制刳木爲盤如舟狀赤爲質畫雲鶴文爲架高五六尺置盤其上薦食物其中聚宗族拜之若至尊則於常武殿築臺爲拜天所 金史禮志

大定三年五月以重五幸廣樂園射栁皇太子親王百官皆射勝者賜物有差上復御常武殿賜宴擊毬自是歲以爲常 金史世宗紀

泰和元年五月擊毬于臨武殿八年十一月御臨武殿試護衛 金史章宗紀

正隆元年二月御宣華門觀迎佛 金史海陵紀

承安四年二月御宣華門觀迎佛 金史章宗紀

凡受尊號導引冊寶牀由宣華門入 金史禮志

知近侍局副使徒單張僧遣人召平章巳到宣華門外 金史后妃傳

蕭裕執白荅出宣華門 金史本傳

拱辰內城正北門也又曰後朝門制度守衛一與宣華

玉華等金碧翬飛規模宏麗 大金國志

崇慶元年七月有風自東來吹帛一段高數十丈飛動如龍墜于拱辰門內 金史衛紹王紀

西至玉華門曰同樂園若瑤池蓬瀛柳莊杏村盡在于是 大金國志

師拓同樂園詩晴日明華構繁陰蕩綠波蓬丘滄海近春色上林多流水時雖逝遷鶯暖自歌可憐歡樂地鉦鼓散雲和 中州集 歸潛志作尹無忌詩

趙秉文同樂園詩春歸空苑不成妍柳影參差水底天過御清明遊客少晚風吹動釣魚船 滏水集

京城北離宮有大寧宮大定十九年建後更爲寧壽又更爲壽安明昌二年更爲萬寧宮 金史志

明昌六年五月命減萬寧宮陳設九十四所泰和四年四月萬寧宮端門災 金史章宗紀

石抹明安攻萬寧宮克之取富昌豐宜二關 元史本傳

大定十九年五月幸大寧宮二十年四月大寧宮火 金史世宗紀

張僅言護作大寧宮引宮左流泉溉田歲穫稻萬斛 金史本傳

瓊林苑有橫翠殿寧德宮西園有瑤光臺又有瓊華島又有瑤光樓皇統元年有宣和門正隆二年有宣華門又有撒合門 金史志

郝經瓊華島賦歲癸丑夏經入於燕五月初吉由萬寧故宮登瓊華島徜徉延竚臨風肆矚想見大定之

治與有金百年之盛慨然有懷乃作賦焉其辭曰桔矢飛燕遼傾宋犇中夏壯觀萃於金源鬱天居之宏麗開陸地之海山忽陵飛而阜走見虎踞而龍蟠建瓴水於河朔浩不知其波瀾沉沉覃覃旋坤轉乾赤城紫府幻出塵寰粤惟瓊花之一島突兀乎其間崑崙之巔海風怒掀劈濤頭而迸落結水面之青蓮巖巖磐磐偃立孱顏疑如鰲頭冠日觀而郤走偃如鼉背負月窟而横高寒其頂有廣寒殿故云瑶光樓起金碧鈎連斷霓飲海頫地頳天華陽九州之塵遼海百年之蘊烽湧煙墳慶雲佳氣郁郁芊芊時屬清平天下晏然倒淮南之戈而荆楚帖崩繞萬之角而安西安神武不殺而日趨於平泰信誓既結而無事乎

開邊明珠白雉不召而麇至蒲稍騄耳無用而復還一人高拱於其上無所爲而樂穆清之燕大臣優游於其下無所爲而與禮樂之盛萬物鈞化而無間四海被澤而不偏風俗既厚綱紀日完財不聚而富刑不用而措政不更張而治士不作聰明而賢民日遷善而不知其所以然而然疑疑乎魏孝文駸駸乎漢孝宣宜乎於此樂天下之樂軼邁往而追羲軒收萬方之瓌詭盡九土之纖妍紓青雲之環珮奏鈞天之管絃御長風於絶頂訪蓬壺之飛僊開八荒之壽域正一氣之陶甄躋斯民於仁壽而君臣與焉挈斯民於遂樂而君臣亨焉涵浸醲郁上格於天舒愉粹暢下達於泉濟濟洋洋殆三十年見始終之全倏九龍

之飛去墮神鼎于羽淵宗沉社僨而乃屢遷雖則屢遷竟不能永其傳功如是德如是不克負荷一舉而棄捐孰爲之司而使之然涸金源於汴蔡臥一島於蒼烟悲風射關（調居庸也）枯石荒殘瓊花樹死太液池乾游子目之而興嘆故老思之而淚潸蓋餘恩遺烈膏于骨髓著於肺肝雖死而若生雖亡而若存有與析津同沛箕尾共騖者雖曰假山而實德山也彼虐政虐世昏君暴主以萬人之力肆一己之欲剝吾乾坤穢吾山川雖曰石山而實血山民欲與之俱亡卒聚而殲擁寧不愧於茲焉（陵川集）

史學宮詞寶帶香褠水府仙黃旂綵扇九龍船薰風十里瓊華島一派歌聲唱采蓮（中州集）

西華潭金之太液池也（金臺集）

朱瀾宮詞太液芙蓉上下天秋波澹澹白生烟采蓮宮女分花了笑把蘭篙學刺船（中州集）

葛邏祿廼賢詩秋水清無底凉風起綠波錦帆非昔夢玉樹憶清歌帝子吹笙絕漁郎把釣多磯頭浣紗女猶恐是宮娥（金臺集）

粧臺李妃所築今在昭明觀後妃嘗與章宗露坐上曰二人土上坐妃應聲曰一月日邊明上大悅（金臺集）

章宗爲李宸妃建梳粧臺于都城東北隅今禁中瓊花島粧臺本金故物也目爲遼蕭后梳粧樓誤（堯山堂外紀）

章宗元妃李氏師兒大定末以監戶女子入宮是時宮

教張建教宮人師兒與諸宮女從之學故事宮教以靑紗隔障蔽內外不得面見有問自障內映紗指字以請宮教自障外口說教之諸女子中惟師兒易爲領解建不知其誰但識其音聲清亮章宗問建女子誰可教者建對曰就中音聲清亮者爲最章宗以建言求得之宦者梁道譽師兒才美勸章宗納之章宗好文詞妃性慧黠能作字知文義尤善伺候顏色迎合意旨遂大愛幸明昌四年封昭容明年進封淑妃已進封元妃（金史后妃傳）

葛邏祿廼賢粧臺詩廢苑鶯花盡荒臺燕麥生韶華如逝水粉黛憶傾城野菊金鈿小秋潭玉鏡清誰憐舊時月曾向日邊明（金臺集）

按粧臺相傳俱云遼蕭后遺跡易之厺金不遼其謂李元妃所築可正其譌

大定元年十二月至中都御貞元殿受群臣朝二年四月宴夏使貞元殿（金史世宗紀）

自此以後即無貞元殿之稱或以海陵年號爲嫌而改之也（北平古今記）

承安元年七月天壽節御紫宸殿受賀（金史章宗紀）

大定八年十月進幣宴百官于慶和殿（金史列傳）

二十五年十月朔宰相以下朝見世宗于慶和殿（金史顯宗紀）

十一月立皇太孫賜六品以上宴於慶和殿 金史列傳

大定二十八年皇曾孫生滿三月宴于慶和殿賜曾孫金鼎金香合重綵二十端骨覩犀吐鶻玉山子兒見垂頭一副各馬二匹章宗進玉[illegible]鎮紙玉[illegible]書擺玉鳳鈎骨覩犀具佩刀衣服一襲世宗御酒[illegible][illegible]乙孜方諸 同上

二十八年十二月上不豫詔皇太孫璟攝政居慶和殿東廡 金史世宗紀

泰和二年十二月御慶和殿浴皇子 金史后妃傳

七年正月詔御史大夫崇肅等十有四人同對于慶和殿 金史章宗紀

召僕散揆赴闕以師期宴于慶和殿 金史本傳

宴內族襄於慶和殿上親舉酒飲解所服玉具佩刀以賜 金史本傳

太和七年正月詔百官同對于廣仁殿 金史章宗紀

大定二年閏月神龍殿十六位焚延及太和厚德殿 金史五行志

大定十四年四月上御垂拱殿 金史世宗紀

路鐸召對于崇政殿 金史本傳

世宗召皇太子諸王侍食于清輝殿 金史太祖諸子傳

完顏守道懸車致仕特賜宴于慶春殿 金史本傳

完顏匡朝京師賜宴于天香殿 金史本傳

承安二年六月詔罷瑞光殿工作 金史章宗紀

大定二十五年十一月宰相入見于香閣既退復召

寧請屏左右奏立皇太孫 金史本傳

承安四年三月戸部尚書孫鐸郎中李仲畧國子祭酒趙帆始轉對香閣 金史章宗紀

泰和三年十月右丞僕散揆至自北邊丙辰召至香閣慰勞之 同上

八年以吏部尚書賈益謙等十三員分路同本路按察司官一員推排民戸物力上召至香閣親諭之 金史食貨志

大定二十九年正月名皇太后宫曰仁壽二月更名隆慶宫 金史章宗紀

正隆六年六月大風毀承天門鴟尾 金史五行志

大軍發大砲擊碎西承天門樓 大金國志

受尊號儀恭謝祖廟還御宣和門 金史禮志

貞元三年登寶昌門觀角觝 金史海陵紀

海陵登寶昌門樓殺昭媛察八 金史后妃傳

海陵御寶昌門臨軒觀試 金史列傳

中都圍急詔于東華門置招賢所内外士庶皆得言事 金史列傳

紇石烈執中命聚薪焚東華門 金史本傳

大安三年十二月大軍攻南順門完顔天驥設拒馬于南柳街縱其入以槊禦之且縱火燒兩行民屋街狹屋倒大軍死傷甚衆 大金國志

至寧元年八月胡沙虎殺知大興府徒單南平刑部侍郎徒單没撚于廣陽門西 金史衛紹王紀

徙單南平行至廣陽門西寓義坊馬上與紇石烈執中相見執中手槍刺殺之金史本傳

大安三年二月大風從西北來發屋拔木吹清夷門關折金史五行志

崇慶元年大軍至城下一城中乏薪折絳綃殿翠霄殿瓊華閣林木分給四城大金國志

大定十三年四月上御睿思殿命歌者歌女直詞顧謂皇太子諸王曰朕思先朝所行之事未嘗暫忘故時聽此詞亦欲令汝輩知之金史世宗紀

海陵登瑞雲樓納凉命楊伯雄賦詩金史本傳

道陵中秋賞月瑞光樓召趙渢文孺對御賦詩以清字爲韻渢詩云秋氣平分月正明蘂珠宮闕對蓬瀛已驅急雨銷殘暑不遣微雲點太清簾外輕風飄桂子夜深涼露滴金莖聖朝不奏霓裳曲四海謳歌即樂聲道陵讀至落句大加賞異手酌金鍾以賜且字之曰文孺以此鍾賜汝作酒直士林榮之中州集

承安三年春國主幸蓬萊院陳玉器及諸玩好視其款識多宣和物惻然動色宸妃進曰作者未必用用者未必作宣和作此以爲陛下用耳宸妃嘗與主同輦過御龍橋見石白如雪愛之歸白國主于蘇山輦至築巖洞于芳華閣用工二萬人牛馬七百乘道路相望會是冬賞菊于東明園見屏間畫宣和艮嶽問内侍余琬對曰宣和帝運東南花石築艮嶽致亡其國先帝命圖之以爲戒宸妃怒曰宣和之亡不緣此石乃用童貫梁師成

故爾菴識琬也宸妃鄭氏南宋華原郡王居中之曾孫
大金國志

帝詣蓬萊殿觀音祠燒香過浮碧池望池南有二狐相攜而行逐之各登樹而走內侍言近日此物甚多有戲舞于宣華殿階之上者帝拊髀曰怪變如此不去可乎
金國南遷錄

大定七年建社稷壇于中都社爲制其外四周爲垣南向開一神門門三間內又四周爲垣東西南北各開一神門門三間各列二十四戟四隅連飾罘罳無屋於中稍南爲壇位令三方廣濶一級四陛以五色土各飾其方中央覆以黃土其廣五丈高五尺其主用白石下廣二尺剡其上形如鐘埋其半壇南栽栗以表之近西爲

稷壇如社壇之制而無石主四壝門各五間兩塾三門門列十二戟壝有角樓樓之面皆隨方色飾之餘幔四楹在北壝門西北向神厨在西壝門外南向廨在南圍墻內東西向有望祭堂三楹在其北雨則于是堂望拜堂之南北各爲屋二楹三獻及司徒致齋幕次也堂下南北相向有齋舍二十楹外門止一間不施鴟尾祭用春秋二仲月上戊日 金史禮志

天德四年於燕京所建原廟名其宮曰衍慶殿曰聖武門曰崇聖 同上

大定十四年十月詔圖畫功臣二十八人于衍慶宮聖武殿左右廡十七年正月詔于衍慶宮聖武殿西建世祖神御殿東建太宗睿宗神御殿 同上

禮官率太廟署官等詣崇聖閣奉世祖御容導太宗御容于聖武殿行禮畢以次奉安于丕承殿睿宗御容奉安于天慶殿 同上

大定二十一年閏月昭祖景祖奉安燕昌閣上肅宗穆宗康宗奉安閣下明肅皇帝奉安崇聖閣下 同上

泰和七年五月幸東園射柳 金史章宗紀

顯宗殯于南園熙春殿世宗至自上京未入國門先至熙春殿致奠 金史顯宗紀

明昌三年三月幸熙春園 金史章宗紀

南苑有唐舊碑書貞元十年御史大夫劉怦葬上見之曰苑中不宜有墓以劉頍家本怦後詔賜頍錢三百貫改葬之 金史本傳

明昌元年三月擊毬於西苑五月拜天于西苑射柳擊毬 金史章宗紀

承安二年三月幸西園閱軍器 同上

明昌五年四月朔幸北苑 同上

六年十二月幸後園閱軍器 同上

大定三年五月以重五幸廣樂園射柳 金史世宗紀

大定二十三年正月廣樂園燈山焚延及熙春殿 金史五行志

泰和二年正月幸芳苑觀燈 金史章宗紀

承安元年六月幸環秀亭觀稼二年閏月出西横門觀稼 同上

大興有建春宮 金史地理志

承安元年二月幸都南行宮春水三年正月如城南春水名行宮曰建春四年如建春宮上諭點檢司曰白蒲河至長河及細河以東朕常所經行宮爲和買其地命百姓畊之仍免其租稅 金史章宗紀

石抹明安駐軍于京南建春宮 元史本傳

燕賓館燕山城外館也 石湖集

范成大燕賓館詩九日朝天種落歡也將佳節勸杯盤苦寒不似東籬下雪滿西山把菊看 同上

大定四年十月命都門外夾道重行植柳各百里 金史地理志

章宗宮中絕句五雲金碧拱朝霞樓閣崢嶸帝子家三十六宮簾盡捲東風無處不楊花 歸潛志

日下舊聞卷三終

日下舊聞卷三補遺

宮室一

大定十年燕羣臣于同樂園之瑤池語及古帝王成敗之跡大率以不嗜殺人爲本數年休兵民力稍蘇獨貪殘之吏去行朝稍遠恐爲百姓蠧宜時加稽察知中書省李詰烈稽首曰陛下言及此社稷之福也大金國志

大定十六年春正月國主御正隆殿受印寶一曰承天休延萬億永無極二曰受命于天既受永昌三曰天子之寶四曰天子行寶五曰天子信寶六曰皇帝之寶七曰天子神寶八曰御書之寶九曰皇帝恭膺天命之寶十曰天下同文之寶置符寶郎隸門下省大朝會則陳之同上

遼之正殿曰洪武元之正殿曰大明後之國號年號先見于此誰謂非定數也春明夢餘錄

昆田謹按遼以大安名殿而金以之紀年亦兆之先見者

宋淳熙中范至能使北孝宗令口奏金主謂河南乃宋朝陵寢所在願歸侵地宰相力以爲未可至能遂自爲一書述聖語至金庭納之袖中旣跽進國書伏地不起特金主乃葛王也性寬慈傳宣問使人何故不起至能徐出袖中書奏曰臣來時大宋皇帝別有聖旨難載國書令臣口奏臣今謹以書述書旣上殿中觀者皆失色至能猶伏地再傳宣曰書辭已見使人可就館至能再拜而退金之羣臣或不平議羈留使人而金主不可至

能將囘又奏曰口奏之事乞於國書中明報仍先宣示庶使臣不墮欺罔之罪金主許之報書云口奏之説殊駭觀聽事須審處邪乃乎休既還上嘉其不辱命由是超擢至于大用至能在燕京會同館守吏微言有羈留之議乃賦詩曰萬里孤臣致命秋此身何止一浮漚提攜漢節同生死休問羝羊解乳不 鶴林玉露

燕京城內地大半入宮禁百姓絕少其宮闕壯麗延亘阡陌上切霄漢雖秦阿房漢建章不過如是予奉使至燕山朝見之日見金主儀衛華整過於中國其御榻以七寶爲飾夾坐有狻猊二高丈餘金主亮面黧黑目下覸長鬣於貞元殿見其狀 海陵集

淳熙十五年二月遣留禮信使顏師魯高震至燕京燕

賓館晏畢入來寧館蓋汎使之館也 思陵錄

宋人與遼金南北通問各設國信使使至俱置客省司四方館使引進有官押燕有伴其後使事不一於即位上尊號生辰正旦則遣使賀於國恤則遣使告哀弔慰祭奠進遺留禮物又有告慶諭成報聘報謝報諭祈請申請詳問等目大半多用詞臣北有燕賓館南有班荆館至燕京則許游憫忠慶壽諸剎至臨安則伴使偕往天竺燒香次冷泉亭呼猿洞而歸當時紀行之書存於今者王曾上契丹事富弼奉使錄許亢宗奉使行程錄洪皓松漠紀聞范成大攬轡錄周煇北轅錄僅寥寥數卷而已其宮闕制度猶可藉以攷證外如路振乘軺錄宋敏求入蕃錄范鎮使北錄劉敞使北語錄江德藻聘

北道里記沈括使遼圖抄李罕使遼見聞錄寇瑊奉使錄王曙戴斗奉使錄王晉使範連鵬舉宣和使金錄何鑄奉使雜錄雍堯佐隆興奉使審議錄張棣講和事迹韓元吉金國生辰語錄姚憲乾道奉行錄余嶸使燕錄樓鑰北行日錄富軾奉使語錄多軼不傳又若趙艮嗣燕雲奉使錄馬擴茆齋自敘沈琯南歸錄鄭望之靖康奉使錄李若水山西軍前奉使錄傳雱建炎通問錄范仲熊北紀晁公忞金人敗盟記雖散見于北盟會編而未必全至若皇華錄南北歡盟錄南北對鏡圖南北國信記議盟記接伴語錄北朝國信語錄賀正人使例使北錄靖康要盟錄紹興通和錄講和錄開禧通和持書通問本末諸書僅留其目并作者姓氏皆佚矣　瀛洲過古錄

正元四年金主亮率文武百官幸燕遂以燕爲中都府曰大興定京邑焉都城之門十二每一面分三門一正兩偏其正門四旁又皆設兩門正門常不開惟車駕出入餘悉由旁兩門焉其門十二各有標名東曰宣耀曰施仁曰陽春西曰灝華曰麗澤曰新益南曰豐宜曰景風曰端禮北曰通元曰會城曰崇智內城門左掖右掖宣陽又在外焉外墨書粉地內則金書朱地皆故禮部尚書王競書　金圖經

亮欲都燕遣畫工寫京師宮室制度濶狹修短盡以授之左相張浩輩按圖修之城之四圍九里三十步自天津橋之門北曰宣陽門門分三中繪一龍兩偏繪一鳳

用金鍍銅實之中門常不開惟車駕出入兩邊分雙隻日開兩樓曰文曰武自文轉東曰來寧館自武轉西曰會同館二館皆爲本朝使設也正北曰千步廊東西對兩廊之半各有偏門向東曰太廟向西曰尚書省通天門觀高八丈朱門五飾以金釘東西相去里餘又設一門左曰左掖右曰右掖南城之正東曰宣華正西曰玉華北曰拱辰門內殿凡九重殿三十有六門闕倍之正中位曰皇帝正位後曰皇后正位位之東曰內省西曰十六位乃妃嬪所居之地也西出玉華門爲同樂園瑤池蓬瀛杏林盡在是　同上

金本無宗廟不修祭祀自平遼後所用執政大臣多漢人往往說天子之孝在尊祖尊祖在建宗廟金主方開悟遂築室于內之東南隅廟貌雖具制極簡畧迨亮徙燕乃築巨闕于南城之南千步廊之東曰太廟標名曰衍慶之宮　同上

使至燕京寓于來遠驛泛使則居寧遠驛焉　建炎以來朝野雜記

壽寧宮有瓊華島絕頂廣寒殿近爲黃冠輩所毀　遺山集

元好問出都作漢宮曾動伯鸞歌事去英雄可奈何但見觚稜上金爵豈知荊棘臥銅駝神仙不到秋風客富貴空悲春夢婆行過盧溝重回首鳳城平日五雲多　歷歷興亡敗局棊登臨疑夢復疑非斷霞落日天無盡老樹遺臺秋更悲滄海忽驚龍穴露廣寒猶

想鳳笙歸從教盡剗瓊華了留住西山儘淚垂 同上

遼主得其臣所獻黃菊賦題其後云昨日得卿黃菊賦細剪金英題作句袖中猶覺有餘香冷落西風吹不去元張可繼孟嚳括其辭寄蝶戀花曰昨日得卿黃菊賦細剪金英題作多情句冷落西風吹不去袖中猶有餘香度滄海塵生秋日暮玉砌雕闌木葉鳴疏雨江總白頭心更苦素琴猶寫幽蘭譜繼孟手書于卷子嘗見之 蒓魰詞話

天眷元年析津放第于廣陽門西一僧寺門上唱名至遷都後命宣陽門上唱名後爲定例 玉堂嘉話

王惲燕城書事都會盤盤控北陲當年宮闕五雲飛崢嶸寶氣沉箕尾慘憺陰風貯朔威審勢有人觀督亢封章無地論王畿荒寒照破龍山月依舊中原半落暉 秋澗集

又西苑懷古和劉懷州韻彩鳳簫聲徹曉聞宮墻烟柳接龍津月邊橫吹非淸夜鏡裏瓊華總好春行殿基存焦作土踏錐舞歇草留茵野花豈解興亡恨猶學宮粧一色勻 同上

又同劉懷州過西園懷古作錦摛西苑正隆修大定明昌事讌遊海露恩波鰲抃首花翻瑤艷雪迷樓三千歌舞繁華歇一片風烟慘憺愁興廢算來無五紀至今靈沼詠西周 同上

劉景融西園懷古詩瓊苑韶華自昔聞杜鵑聲裏過天津殿空魚藻山猶碧水淵龍池草自春民樂尚歌

身後曲弓彎不見舞時茵絳桃誰植宮墻外露濕胭脂恨未勻 秋澗集附錄

昆田謹按四詩皆有感金故宮而作

端平甲午九月初一日抵燕京守將布吾剌拔都出迎館人使于王檝宅堂重九日宴人使女樂俳優畢集十二日同王檝謁宣聖廟卽是金寄院因就看亾金宮室瓦礫塡塞荆棘成林 使蒙日錄

劉秉忠游瓊華島汎城子詞瓊華昔日賀新成輿蒼生樂昇平西望長山東顧限滄溟翠輦不來人換世天上月自虛盈 樹分殘照水邊明雨初晴氣還清醉鄉與亾惟有酒多情收取晉人腮上淚千載後幾新亭 藏春詩集

日下舊聞卷四

宮室二 元上

大都宮之扁曰慶福曰興闕以下殿之扁正曰大明西曰紫檀東曰文思北曰寶雲四殿大內前位也延春閣東曰慈福西曰明仁二殿大內後位也清顥門西曰玉德後曰宸慶二殿大內後位也興聖宮正曰興聖西曰寶慈東曰嘉德隆福宮正曰光天東曰壽昌西曰嘉禧西位曰文德東位曰睿安萬歲山下曰仁智山上曰廣寒方壺亭南曰荷葉仁智東北曰介福西北曰延和太液池南圓殿曰儀天延春閣後曰咸寧堂之扁曰芳潤曰拱宸亭之扁曰碧芳曰徽青延華閣曰芳碧廣寒西南曰玉虹又西南曰瀛洲廣寒東南曰金露又東南曰方

壺樓之扁典聖東廂曰凝暉西廂曰延顥東曰驂龍西曰翥鳳閣之扁大內後宮正殿曰延春興聖殿後曰徽儀其北曰延華宣則北門曰奎章門之扁城之正南曰麗正左曰文明右曰順承正東曰崇仁東之南曰齊化東之北曰光熙正西曰和義西之南曰平則西之北曰肅清北之西曰健德北之東曰安貞宮城正南曰崇天左曰星拱右曰雲從東有東華西有西華北曰厚載大內前宮正門曰大明左曰日精右曰月華西有麟瑞東有鳳儀寶雲東北向曰嘉慶西北向曰景福大內後宮延春在寶雲之後左曰懿範南對嘉慶右曰嘉則南對景福東曰景耀西曰清顥興聖宮正門曰興聖左曰明華右曰肅章宣則在延顥之北弘慶在凝暉之北隆福

宮正門曰光天左曰崇華右曰膺福青陽在翥鳳之北明暉在騶龍之北山曰萬歲巖曰翠巖磴曰雲龍峯曰叢玉在奎章閣前曰仁壽在萬歲山下石曰瑞雲曰丹霞洞天曰銀漢飛星池曰太液 禁扁

京城方六十里里二百四十步分十一門 輟耕錄

順帝完者忽都皇后京城大饑后出金銀粟帛命資政院使朴不花于京都十一門置冢瘞死者遺骼十餘萬 元史后妃傳

正南曰麗正門 輟耕錄

四方進士來試南宮者率皆僦居麗正門外 燕石集

至正十年京師麗正門樓上忽有人妄言災禍鞫問之自稱薊州人已而不知所往 元史五行志

宋褧晚晴出麗正門詩團團碧樹壓宮城白鳳門楣澹日明回首瓊華仙島上片雲猶欲妬新晴 燕石集

李孝光晚出麗正門和宋學士詩暮光霞彩炫金題絳闕高居雉堞低上相樓臺連御苑中郎車騎過沙隄阜雕孤捩凌雲翮紫燕雙翻蹀雪蹄回首上林京月夜蘂珠多是鳳鸞栖 五峯集

南之右曰順承南之左曰文明 輟耕錄

至正二十四年七月白瑣住扈從皇太子出順承門由雄霸河間故道徃冀寧九月朔宦官思龍宜潛送宮女伯忽都出自順承門以達于皇太子 元史順帝紀

明兵逼京師詔朴賽因不花以兵守順承門 元史本傳

北之東曰安貞北之西曰健德 輟耕錄

程鉅夫賜地京師安貞門以築居室元史本傳

車駕行幸上都太僕卿以下皆從先驅馬出健德門外取其肥可取乳者以行元史兵志

至正二十四年三月禿堅帖木兒陳兵自健德門入覲帝于延春閣七月孛羅帖木兒駐兵健德門外與禿堅帖木兒老的沙入見帝于宣文閣二十八年閏月帝御清寧殿集三宮后妃皇太子皇太子妃同議避兵北行至夜半開健德門出奔元史順帝紀

正東曰崇仁東之右曰齊化東之左曰光熙輟耕錄

天曆元年九月帝出齊化門視師元史文宗紀

皇慶元年程鉅夫以病乞歸命廷臣以下餞于齊化門給驛南還元史本傳

明兵入京城大將召丁好禮不肯行舁至齊化門抗辭不屈而死元史本傳

至正二十四年三月皇太子率侍衛兵出光熙門東走古北口元史

宋褧詩日出齊化門騰騰開九光四面啟金鑰崇扉闢煇煌都城萬井烟沃盥整衣裳納屨戒車馬出入紛倉皇大明忽西頹所遇多不常擾攘千萬情四序恒茲茲安得馭天風弭節白雲鄉左驂碧虹蜺右駕紫鳳凰燕石集

正西曰和義西之右曰肅清西之左曰平則輟耕錄

燕鐵木兒凱旋入自肅清門都人羅拜馬首元史本傳

至正二十四年七月白瑣住引兵入平則門二十五年

八月朔竹貞貊高軍至城外命軍士緣城而上碎平則門楗 元史順帝紀

南麗正門內千步廊可七百步建靈星門門建蕭墻周迴可二十里俗呼紅門闌馬墻內二十步有河上建白石橋三座名周橋橋四石白龍擎載旁盡高柳鬱鬱萬株遠與城內海子西宮相望度橋可二百步爲崇天門 大都宮殿考

宮城周回九里三十步東西四百八十步南北六百十五步高三十五尺甎甃至元八年八月十七日申時動土明年三月十五日訖工分六門正南曰崇天十二間五門東西一百八十七尺深五十五尺高八十五尺左右趓樓二趓樓登門兩斜廡十門闕上兩觀皆三趓樓連趓樓東西廡各五間西趓樓之西有塗金銅幡竿附宮城南面有宿衛直廬凡諸宮門皆金鋪朱戶丹楹藻繪彤壁琉璃瓦飾簷脊 輟耕錄

凡祭祀前一日所司備儀從內外仗侍祠官兩行序立于崇天門外太僕寺控御馬立于大明門外駕入崇天門至大明門外降馬升輿 元史祭祀志

至元二十八年二月建宮城南面周廬以居宿衛之士 元史世祖紀

元貞二年十月樞密院臣言昔大朝會時皇城外皆無墻垣故用軍環繞以備圍宿今墻垣巳成南北西三畔皆可置軍獨御酒庫西地窄不能容臣等與丞相完澤議各城門以蒙古軍列衛及於周橋南置戍樓以警昏

旦從之 元史兵志

至治元年八月東内皇城建宿衛屋二十五楹命五衛内摘軍二百五十人居之以備禁衛 同上

崇天之左曰星拱三間一門東西五十五尺深四十五尺高五十尺崇天之右曰雲從制度如星拱東曰東華七間三門東西一百十尺深四十五尺高八十尺西曰西華制度如東華北曰厚載五間一門東西八十七尺深高如西華角樓四據宮城之四隅皆三趓樓琉璃瓦飾簷脊直崇天門有白玉石橋三虹上分三道中爲御道鐫百花蟠龍星拱南有御膳亭亭東有拱宸堂蓋百官會集之所名曰埽隣東南角樓東差北有生料庫庫東爲柴場夾垣東北隅有羊圈 輟耕錄

釋來復燕京雜詠秋滿龍沙草已霜射鵰風急朔雲長内宮連日無宣喚獵取黃羊進尚方 蒲菴集

南角樓南紅門外留守司在焉西華南有儀鸞局 輟耕錄

至元十一年二月初立儀鸞局掌宮門管鑰供帳燈燭 元史世祖紀

西有鷹房 輟耕錄

至大元年二月立鷹坊爲仁虞院 元史武宗紀

至大四年二月罷仁虞院改置鷹坊總管府 元史仁宗紀

國制自御位及諸王皆有昔寶赤蓋鷹人也及一天下又設捕獵戶俾致鮮食以薦宗廟供天庖齒革羽毛以

備用而立制加詳地有禁取有時違者罪之冬春之交天子或親幸近郊縱鷹隼搏擊以爲游豫之度曰飛放仁廟以穀不熟民困曰朕不飛放且勅諸王位昔寶赤皆不聽出 經世大典序錄

柯九思宮詞元戎承命獵郊坰勅賜新羅白海青得雋歸來如奏凱天鵝馳道入宮庭 玉山雅集

張昱輦下曲天朝習俗樂從禽爲按名鷹出朗陰立馬萬夫齊指望平空鵝影雪沉沉 張光弼詩集

大明門在崇天門內大明殿之正門也七間三門東西一百二十尺深四十四尺重簷 輟耕錄

大明門旁建掖門繞爲長廡中抱丹墀之半左右爲文武樓與廡相連 大都宮殿考

上尊號受朝賀前期二日儀鸞司設大次于大明門外 元史禮樂志

日精門在大明門左月華門在大明門右皆三間一門 輟耕錄

元正受朝尚引引殿前班皆公服分左右入日精月華門就起居位管旗分立大明門南楹典引引丞相以下皆公服入日精月華門就起居位四品以上賜酒殿上典引引五品以下賜酒于日精月華二門之下冊立皇后前期二日儀鸞司設發冊寶案于大明殿捧冊官由月華門入捧寶官由日精門入 元史禮樂志

大明殿乃登極正旦壽節會朝之正衙也十一間東西二百尺深一百二十尺高九十尺柱廊七間深二百四

十尺廣四十四尺高五十尺寢室五間東西夾六間後連香閣三間東西一百四十尺深五十尺高七十尺青石花礎白玉石圓碣文石甃地上藉重茵丹楹金飾龍繞其上四面朱瑣窗藻井間金繪飾燕石重陛朱闌塗金銅飛雕冒中設七寶雲龍御榻白蓋金縷褥并設后位諸王百寮怯薛官元史怯薛者言番直宿衛也侍宴坐牀重列左右前置燈漏貯水運機小偶人當時刻捧牌而出木質銀裹漆甕一金雲龍蜿繞之高一丈七尺貯酒可五十餘石雕象酒卓一長八尺濶七尺二寸玉甕一玉編磬一巨笙一玉笙玉箜篌咸備于前前懸繡緣朱簾至冬月大殿則黃貓皮壁幛黑貂褥香閣則銀鼠皮壁幛黑貂煖帳凡諸宮殿乘輿所臨御者皆丹楹朱瑣窗間金藻繪設御榻裀褥咸備屋之簷脊皆飾琉璃瓦輟耕錄

至元十年十月初建正殿寢殿香閣周廡兩翼室十一年正月朔宮闕告成帝始御正殿受皇太子諸王百官朝賀十一月起閣南大殿及東西殿元史世祖紀

十六年秋高興入朝侍燕大明殿悉獻江南所得珍寶元史本傳

十八年二月癸侍衛軍四千完正殿二十一年正月帝御大明殿右丞相和禮霍孫率百官奉玉冊玉寶上尊號諸王百官朝賀如朔旦儀元史世祖紀

世祖建大內移沙漠莎草于丹墀示子孫無忘草地也

玉山雅集

元世祖思創業艱難故所居之地青草植于大內丹墀之前謂之誓儉草 草木子

柯九思宮詞黒河萬里金沙漠世祖深思創業難數尺闌干護青草丹墀留與子孫看 玉山雅集

皇帝卽位上尊號受朝賀升大明殿 元史禮樂志

仁宗將卽位廷臣用太皇后旨行大禮于隆福宮法駕已陳矣張珪言當御大明殿帝悟移仗大明 元史本傳

元正受朝儀大昕侍儀使引導從護尉各服其服入至寢殿前報外辦皇帝出閤升輦鳴鞭三侍儀使并通事舍人分左右引擎執護尉劈正斧中行導至大明殿外劈正斧直正門北向立導從倒卷序立惟扇置于錡侍儀使導駕時引進使同內侍官引宮人擎執導從入皇后宮庭報外辦皇后出閤升輦引進使引導從導至殿

東門外引進使分退押直至墨塗之次引導從倒卷出俟兩宮升御榻鳴鞭三劈正斧退立于露階東司晨報時雞唱畢尚引引殿前班皆公服分左右入日精月華門就起居位朝畢宴饗殿上預宴之服衣服同制謂之質孫 元史禮樂志

只孫華言一色衣也只孫宴俗呼曰詐馬宴 近光集

只孫宴服者貴臣見饗于天子則服之今所賜絳衣是也貫大珠以飾其肩背間膺首服亦如之 輟耕錄

元親王及功臣侍宴者別賜冠衣謂之只孫今儀從所服團花只孫當是也與輟耕錄所載制飾不同 近峯紀聞

按前代未有帝后並臨朝者惟元則然周憲王宮詞大安樓閣聳雲霄列坐三宮御早朝大安閣在上都然則帝廵上都后亦從朝必並御也

仁宗正位宸極欲用陰陽家言即位光天殿即東宮也王約言於太保曲樞曰正名定分當御大内太保入奏遂即位于大明殿 元史本傳

甥正斧以蒼水玉碾造高二尺有奇廣半之徧地文藻粲然或曰自殿時流傳至今者如天子登極正旦天壽節御大明殿會朝時則一人執之立于陛下酒海之前葢所以正人不正之意 輟耕錄

宣和殿所藏殿玉鉞長三尺餘一段美玉文藻精甚三代之寶也後歸于金今入元每大朝會必設于外庭 志雅堂雜抄

興隆笙在大明殿下其制植衆管于柔韋以象大匏土鼓二韋橐按其管則簧鳴籥首爲二孔雀笙鳴機動則應而舞凡燕會之日此笙一鳴衆樂皆作笙止樂亦止 輟耕錄

葛邏祿廼賢宮詞千官鵠立五雲間玉斧參差擁畫闌今日君王西内去安排天仗趣儀鸞 金臺集

歐陽原功詩麗正門當千步街九重深處五雲開雞人三唱萬官集應制須迎學士來 圭齋集

柯九思宮詞萬里名王盡入朝法宮置酒奏簫韶千官一色眞珠襖寶帶攢裝穩稱腰 玉山雅集

張昱輦下曲靜鞭約鬧殿西東頒宴宗王禮數隆中使廵觴宣上旨盡教滿酌大金鍾 張光弼詩集

周憲王元宮詞兩潤風調四海寧丹墀大樂列優伶年年正旦將朝會殿內先觀玉海青健兒千隊足如飛隨從南郊露未晞鼓吹聲中春日曉御前咸着只孫衣 誠齋新錄

柳貫元日朝回書事詩九賓陳仗建朱干六譯傳聲贊白環法部清商初按樂宮闈重翟已趨班雪華遥映龍旂動日色纔臨鳳蓋閑萬歲玉杯誰刻字忽聞送喜入天顔 柳待制集

大明殿燈漏之制高丈有七尺架以金爲之其曲梁之上中設雲珠左日右月雲珠之下復懸一珠梁之兩端飾以龍首張吻轉目可以審平水之緩急中梁之上有戲珠龍二隨珠俯仰又可察準水之均調燈毬雜以金寶爲之內分四層上環布四神旋當日月參辰之所在左轉日一週次爲龍虎鳥龜之象各居其方依刻跳躍鐃鳴以應于內又次週分百刻上列十二辰各執時牌至其時四門通報又一人當門內常以手指其刻數下四隅鐘鼓鉦鐃各一人一刻鳴鐘二刻鼓三鉦四鐃初正皆如是其機發隱于櫃中以水激之 元史志

郭公守敬於世祖朝進七寶燈漏今大明殿每朝會張設之其中鐘鼓皆應時自鳴 元文類

姚燧漏刻鐘銘靈臺設簴巍以尊元間大呂非其彔摯曠善鼓手自煩宮商艮諧等釜盆請無以聲以功

論一日之中兩昕昏一鳴一刻有度存九闕一圜折柳樊黔首時作時饔飧日月如是相告敦三辰聽命循軌垣四序不忒迭寒暄萬物生翕盈乾坤何獨治歷道此源凝熙帝績高義軒積世而運會而元吉金之舌慎莫捫轂響誰其代天言 牧菴集

大明殿後連為柱廊十二楹四周金紅瑣窻連建後宮廣三十步殿半之後有寢宮俗呼為拏頭殿東西相向至冬則自殿外一周皆籠護皮帳夏則黃油絹幕內寢屏幛重複帷幄而後裹以銀鼠席地皆編細簟上架深紅厚氈後露茸單宮後連抱長廡以通前門以貯妃嬪而每院間必建三楹東西相向為繡榻廡後橫亘道以入延春宮丹墀皆植青松即萬年枝也置金酒海前後列紅蓮牀其上為延春閣 大都宮殿考

寶雲殿在寢殿後五間東西五十六尺深六十三尺高三十尺鳳儀門在東廡中三間一門東西一百尺深六十尺高如其深門之外有庖人之室稍南有酒人之室麟瑞門在西廡中制度如鳳儀門之外有內藏庫二十所所為七間鐘樓又名文樓在鳳儀南鼓樓又名武樓在麟瑞南皆五間高七十五尺嘉慶門在後廡寶雲殿東景福門在後廡寶雲殿西皆三間一門周廡一百二十間高三十五尺四隅角樓四間重簷凡諸宮周廡並用丹楹壁藻繪琉璃瓦飾簷脊延春門在寶雲殿後延春閣之正門也五間三門東西七十七尺重簷 輟耕錄

成宗崩安西王阿難荅謀繼大統即位有日李孟曰事

急矣不可不早圖之仁宗召卜人入筮遇乾之睽孟曰筮不違人是爲大同時不可以失仁宗喜振袖而起乃共扶上馬孟及諸臣皆步從入自延春門收首謀及同惡者送都獄奉御璽北迎武宗 元史本傳

懿範門在延春左嘉則門在延春右皆三間一門延春閣九間東西一百五十尺深九十尺高一百尺三簷重屋柱廊七間廣四十五尺深一百四十尺高五十尺寢殿七間東西夾四間後香閣一間東西一百四十尺深七十五尺高如其深重簷文石甃地藉花毳裀簷帷咸備白玉石重陛朱闌銅冒楯塗金雕翔其上閣上御榻二柱廊中設小山屏牀皆楠木爲之而飾以金寢殿楠木御榻東夾紫檀御榻壁皆張素畫飛龍舞鳳西夾事佛像香閣楠木寢床金縷褥黑貂壁幛 輟耕錄

大德十一年十二月命留守司以來歲正月十五日起燈山于大明殿後延春閣前 元史武宗紀

延祐七年十二月作延春閣後殿 元史英宗紀

至治三年十二月塑馬哈吃剌佛像于延春閣之徽清亭 元史泰定帝紀

帝宴大臣于延春閣特賜荅里麻白鷹以表其貞廉 元史本傳

至正十七年將大赦天下宣歐陽原功赴內府原功久病不能步履丞相傳旨肩輿至延春閣下 元史本傳

張翥直延春閣詩蓬萊海上第三山仙掌雲間十二欒雞樹烟深殊宵簾鳳樓天近自高寒銅壺傳漏聲

相應紫詔封泥墨未乾願祝君王千萬壽坐施雄斷濟艱難（蛻菴集）

延春閣後仍爲主廊東有文思小殿西有紫檀小殿（大都宮殿考）

文思殿在大明寢殿東三間前後軒東西三十五尺深七十二尺（輟耕錄）

紫檀殿在大明寢殿西制度如文思皆以紫檀香木爲之縷花龍涎香間白玉飾壁草色髹綠其皮爲地衣（同上）

至元二十八年三月發侍衛兵營紫檀殿（元史世祖紀）

至治二年閏月作紫檀殿（元史英宗紀）

至治間燕人史驟兒善琵琶蒙上愛幸上使酒無敢諫者一日御紫檀殿飲驟兒歌殿前歡曲有酒神仙之句上怒叱左右殺之後悔曰驟以酒諷我也（席帽山人集）

慈福殿又曰東煖殿在寢殿東三間前後軒東西三十五尺深七十二尺（輟耕錄）

元統元年王結召拜翰林學士中宮命繪尼於慈福殿作佛事已而殿災結言繪尼褻瀆當坐罪（元史本傳）

明仁殿又曰西煖殿在寢殿西制度如慈福景耀門在左廡中三間一門高三十尺（輟耕錄）

上（謂順帝也）作二小璽一曰明仁殿寶一曰洪禧命楊瑀篆文洪禧璞純白而龜紐墨色（同上）

至正初許有壬進講明仁殿帝悅賜酒宣文閣中（元史）

貢師泰明仁殿進講詩春日君王出殿遲千官簾外

立多時觚稜雪轉寒無奈先許儒臣列講帷黃綾寫本奏經筵正是虞書第二篇聖主從容聽講罷許教留在御床邊殿前冠珮儼成行玉椀金瓶進早湯自愧平生飯蘖藿朝來得食大官羊黃金爲帶玉爲簪劍戟如林衛紫髯也愛儒臣勤講讀向前輕揭虎皮簾奏對歸來日已西獨騎官馬踏春泥行從海子橋邊過猶望宮城柳色齊 玩齋集

景耀門在左廡中三間一門高三十尺清灝門在右廡中制度如景耀鐘樓在景耀南鼓樓在清灝南各高七十五尺周廡一百七十二間四隅角樓四間玉德殿在清灝外七間東西一百尺深四十九尺高四十尺飾以白玉甃以文石中設佛像 輟耕錄

延祐七年十二月鑄銅爲佛像置玉德殿 元史英宗紀

東香殿在玉德殿東西香殿在玉德殿西宸慶殿在玉德殿後九間東西一百三十尺深四十尺高如其深中設御榻簾帷裀褥咸備前列朱闌左右闢二紅門後山字門三間東更衣殿在宸慶殿東五間高三十尺西更衣殿在宸慶殿西制度如東殿 輟耕錄

延春宮後爲清寒宮後引抱長廡遠連長春宮其中皆以處嬖幸 大都宮殿考

太宗詔學士十八人即長春宮教之俾楊中書惟中督 牧菴集

隆福殿在大內之西興聖之前南紅門三東西紅門宮各一繚以甎垣南紅門一東紅門一後紅門一 輟耕錄

隆福宫左右後三向皆爲寢殿殿東有沉香殿殿長廡環抱 大都宫殿考

至元三十一年十一月帝朝皇太后于隆福宫上玉冊玉寶 元史成宗紀

鄭滁孫陶孫兄弟最號博洽隆福宫以其兄弟前朝士乃製衣親賜人以爲異遇焉 元史本傳

卜天璋遷刑部郎中仁宗召入見以中書刑部印章付之旣視事入覲賜酒隆福宫 元史本傳

光天門光天殿正門也五間三門高三十二尺重簷 輟耕錄

國史院進先朝實錄是日大昕諸司官具公服立于光天門外侍儀使引實錄案以入監修國史以下奉隨至光天殿前分班立 元史禮樂志

范梈光天門進三朝實錄詩儀鸞簇仗滿雲端玉鑰初開衆樂攢三后龍光周典冊羣臣鵠立漢衣冠爐香着日浮晴靄宫樹班春試曉寒千騎前頭都不避祇傳學士拜金鑾 范德機詩集

崇華門在光天門左膺福門在光天門右各三間一門

光天殿七間東西九十八尺深五十五尺高七十尺柱廊七間深九十八尺高五十尺寢殿五間兩夾四間東西一百三十尺高五十八尺五寸重簷藻井瑣窻文石甃地藉花毳裀懸朱簾重陛朱闌塗金雕冒楯正殿縷金雲龍樟木御榻從臣坐牀重列前兩傍寢殿亦設御榻裀褥咸備青陽門在左廡中明暉門在右廡中各三

間一門 輟耕錄

至正七年三月修光天殿 元史順帝紀

翥鳳樓在青陽南三門高四十五尺驂龍樓在明暉南制度如翥鳳後有牧人宿衛之室壽昌殿又曰東煖殿在寢殿東三間前後軒重簷嘉禧殿又曰西煖殿在寢殿西制度如壽昌中位佛像傍設御榻 輟耕錄

月魯不花拜江南行御史臺中丞陛辭之日帝御嘉禧殿慰勞之 元史本傳

針線殿在寢殿後周廡一百七十二間四隅角樓四間侍女直廬五所在針線殿後又有侍女室七十二間在直廬後及左右浴室一區在宮垣東北隅文德殿在明暉外又曰楠木殿皆楠木爲之三間前後軒一間 輟耕錄

泰定元年七月作楠木殿 元史泰定帝紀

盝頂殿五間在光天殿西北角樓西後有盝頂小殿 輟耕錄

皇慶五年二月建盝頂殿于文治殿後 元史仁宗紀

至治二年八月詔畫蠶麥圖于盝頂殿壁以時觀之 元史英宗紀

周憲王元宮詞盝頂殿中逢七夕遥瞻牛女列珍羞明朝看巧開金合喜得蛛絲笑未休 誠齋新錄

香殿在宮垣西北隅三間前軒一間前寢殿三間柱廊三間後寢殿三間東西夾各二間 輟耕錄

至元十二年正月二日帝御香殿以大軍南征使久不

至命楊恭懿筮之 元史本傳

至大元年八月李邦寧以建香殿成賜金五十兩銀四百五十兩 元史武宗紀

至治元年三月寶集寺金書西番波若經成置大內香殿 元史英宗紀

文宸庫在宮垣西南隅酒房在宮垣東南隅內庖在酒房之北興聖宮在大內之西北萬壽山之正西周以甎垣南闢紅門三東西紅門各一北紅門一南紅門外兩傍附垣有宿衛直廬凡四十間東西門外各三間南門前夾垣內有省院臺百司官侍直板屋北門外有窨花室五間東夾垣外有宦人之室十七間凌室六間酒房六間南北西門外棋置衛士直宿之舍二十一所所為一間外夾垣東紅門三直儀天門于橋西紅門一達徽政院門內差北有盝頂房二各三間又北有屋二所各三間差南有庫一所及屋三間北紅門外有臨街門一所三間此夾垣之北門也興聖門興聖殿之北門也五間三門重簷東西七十四尺明華門在興聖門左肅章門在興聖門右各三間一門興聖殿七間東西一百尺深九十七尺柱廊六間深九十四尺寢殿五間兩夾各三間後香閣三間深七十七尺正殿四面朱懸瑣窗文石甃地藉以毳裀中設扆屏榻張白蓋簾帷皆錦繡為之諸王百寮宿衛官侍宴坐床重列左右其柱廊寢殿亦各設御榻裀褥咸備白玉石重陛朱闌塗金冒楯覆以白磁瓦碧琉璃飾其簷脊弘慶門在東廡中宣則門

在西廡中各三間一門 輟耕錄

興聖宮中建小直殿引邃河分流其下甃以白石翼爲仙橋四起瑣窗而抱綵樓樓後東西爲日月殿後又有禮天臺高跨殿上少東有流杯亭又少東出便門 大都宮殿考

至大元年二月建興聖宮二年五月以通政院使憨刺合兒知樞密院事董建興聖宮三年十月帝率皇太子諸王羣臣朝興聖宮上皇太后尊號册寶 元史武宗紀

劉德温監建興聖宮 元史本傳

天曆元年十月帝御興聖殿齊王月魯帖木兒等奉上皇帝寶 元史文宗紀

黃清老興聖殿進史作瑤編初進侍明光日麗龍池晝刻長堤柳染成春水色宮花併入御爐香金壺灑露層階滑玉椀分氷廣殿凉曚瞍似知天意喜鳳笙新奏五雲章 樵川集

馬祖常奏對興聖殿後詩萬花簇錦寶簾垂化日舒舒漏下遲馬酒金盤流沆瀣凌人玉井出琉璃侍臣象筆皆鷄鳳御士橐弓盡虎貔他日滄洲應夢想紫宸端御放朝時 石田集

至順二年爲燕帖木兒建第于興聖宮之西南 元史本傳

皇后弘吉刺氏後至元二年二月立性節儉不妬忌動以禮法自持第二皇后奇氏素有龍居興聖西宮帝希幸東内左右以爲言后無幾微怨望意 輟耕錄

宦者朴不花高麗人皇后奇氏微時與不花同鄉里及選爲宮人有寵遂爲第二皇后居興聖宮生皇太子愛猷識理達臘元史本傳

周憲王元宮詞興聖宮中侍太皇十三初到捧爐香如今白髮成衰老四十年如夢一場奇氏家居鴨淥東盛年纔得位中宮翰林昨日新裁詔三代蒙恩爵祿崇白酒新芻進玉壺水亭深處暑全無君王笑向奇妃問何似西凉打剌蘇誠齋新錄

凝暉樓在弘慶南五間東西六十七尺延顥樓在宣則南制度如凝暉嘉德殿在寢殿東三間前後軒各三間重簷寶慈殿在寢殿西制度同嘉德山字門在興聖宮後延華閣之正門也正一門兩夾各一間重簷一門脊

置金寶瓶又獨腳門二周閣以紅版垣延華閣五間方七十九尺二寸重阿十字脊白琉璃瓦覆青琉璃瓦飾其簷脊立金寶瓶單陛御榻從臣坐床咸具東西殿在延華閣西左右各五間前軒一間圓亭在延華閣後芳碧亭在延華閣後圓亭東三間重簷十字脊覆以青琉璃瓦飾以綠琉璃瓦脊置金寶瓶徽青亭在圓亭西制度同芳碧亭浴室在延華閣東南隅東殿後傍有盝頂井亭二間又有盝頂房三間畏吾兒殿在延華閣右六間傍有窨花半屋八間木香亭在畏吾兒殿後東盝頂殿在延華閣東版垣外正殿五間前軒三間東西六十五尺深三十九尺柱廊二間深二十六尺寢殿三間東西四十八尺前宛轉置花朱闌八十五扇殿之傍有盝

頂房三間庖室二間面陽盝頂房三間妃嬪庫房一間縫紉女庫房三間紅門一盝頂之制三椽其頂若笥之平故名西盝頂殿在延華閣西版垣之外制度同東殿東殿之傍有庖室三間好事房二各三間獨腳門二紅門一妃嬪院四二在東盝頂殿後二在西盝頂殿後各正室三間東西夾四間前軒三間後有三椽半屋二間侍女室八十三間半在東妃嬪院左西向半在西妃嬪院右東向室後各有三椽半屋二十五間東盝頂殿紅門外有屋三間盝頂軒一間後盝頂房一間庖室一區在凝暉樓後正屋五間前軒一間後披屋三間又有盝頂房一間盝頂井亭一間周以土垣前闢紅門湢房在宮垣東南隅庖室南正屋五間前盝頂軒三間南北房

各三間西北隅盝頂房三間紅門一土垣四周之學士院在閣後西盝頂殿之西偏三間 輟耕錄

文宗建奎章閣蒐羅中外才俊置其中 元史謝端傳

天曆初建奎章閣于西宮興聖殿之西廊爲屋三間以藏物中間諸官入直所北間南嚮設御座左右列珍玩命羣玉内司掌之閣官署銜初名奎章閣隸東宮屬官後文宗復位乃陞爲奎章閣學士院置大學士五員並知經筵事侍書學士二員承制學士二員供奉學士二員並兼經筵官屬官則有群玉内司專掌秘玩古物藝文監專掌書籍鑒書博士司專一鑒辨書畫授經郎專一訓教怯薛官大臣子孫藝林庫專一收貯書籍廣成局專一印行祖宗聖訓及國制等書特恩揀製象齒小

牌五十上書奎章閣三字一面篆字一面蒙古字與畏吾兒字分散各官懸佩出入宮門無禁命侍讀學士虞集撰記御書刻石閣中今上皇帝改奎章曰宣文 輟耕錄

虞集記曰天曆二年三月作奎章之閣備閒燕之居將以緝熙典學乃置學士俾頌祖宗之成訓毋忘創業之艱難而守成之不易也又俾陳夫內聖外王之道興亡得失之故而以自儆焉其爲閣也因便殿之西廡擇高明而有容不加飾乎采斲不重勞于土木不過啟戶牖以順清燠樹庋閣以棲圖書而已至於器玩之陳非古制作中法度者不得在列其爲處也跬步戶庭之間而清嚴邃密非有朝會祠享時巡之事幾無一日而不御於斯於是宰輔有所奏請宥密有所圖回爭臣有所繩糾侍從有所獻替以次入對從容密勿蓋終日焉而聲色狗馬不軌不物者無因而至前矣 道園學古錄

太子作奎章閣萬幾之暇觀書怡神則恒御焉臣集奉勑銘之曰維皇穆清中正無爲翼翼其欽聖性日熙乃闢延閣左圖右史匪資燕娛稽古之理經緯有文如日行天爰刻貞玉垂美萬年 同上

文宗開奎章閣作二璽一曰天曆之寶一曰奎章閣寶命虞集篆文 輟耕錄

天曆二年春上肇開奎章閣延登儒流入侍燕閒萬幾之暇親灑宸翰書奎章閣記刻置禁中凡墨本悉識以

天曆之寶或加用奎章閣寶應賜者必閣學士持詣榻前四復奏然後予之黄文獻公集

馬祖常御書奎章閣記賛序曰皇帝即位之明年開奎章閣布政四方大臣公卿以次進對少間則覽古文國書綜覆古今求其治亂之原以施于天下以戒于羣臣廼製奎章閣記俾工官鑱諸樂石至順二年十一月上遣内侍至臣祖常門賜碑本一幅臣既受賜謹齊沐爲四言詩以賛于後辭曰皇帝明聖受天之命撫御四海民物遂性物性既遂太和雍熙雨暘咸宜于于施施清燕暇逸不游不田刻文垂訓萬世是傳賤臣荷寵天光臨門寶藏私家以遺子孫臣拜稽首維聖作憲義畫禹疇法天行健有義有文於昭

日星豈惟修辭大同于經嗟臣螻蟻待罪風紀瘝官追罰幸不訶鄙乃重受賜天德何報糜軀銜忠罔極覆燾石田集

黄溍跋御書奎章閣記石刻天曆二年春三月上肇開奎章閣延登儒流入侍燕閒冬十月臣鐸爾直作頌以獻至順二年春正月御製閣記成秋七月某甲子大學士泰禧宗禋使臣阿榮傳旨以刻本賜焉臣鐸爾直抃蹈而退襲藏惟謹以臣溍待罪太史屬俾紀其歲月于下方臣竊聞前侍學臣臣集爲臣言皇上以萬幾之暇親灑宸翰書奎章閣記刻寘禁中凡墨本悉識以天曆之寶或加用奎章閣寶應賜者必閣學士晝旨具成稾持詣榻前四復奏然後予之非

文學侍從近臣爲上所知遇者未嘗輕畀臣鐸爾直當上踐阼之初以保寧等處萬戶召對明仁殿特詔發兵河東陝西尋以前鋒迎敵遂廵鎮撫安河南山東又被旨督諸將平雲南陛辭之日既賜之弓矢及它服用貴珍之物以重其行逮凱旋而復命也顧以辭藝進而特預是賜殊常之恩夐絕前比茲蓋將淸主聖弛武而隆文示之意嚮以風厲于四方將使中林兎罝之士莫不鼓舞變化于雲漢昭回之下甚盛德也一顰一笑豈虛乎哉臣鐸爾直以周通之才出入文武動協上意抑可謂不辱君賜矣臣是用備著之若夫天縱聖能心畫超詣有非疏賤下愚所得而窺測者不敢贊一辭也 黃文獻公集

文宗親祀天地社稷宗廟孛术魯翀爲禮儀使竣事上天曆大慶詩三章帝命藏之奎章閣 元史本傳

文宗在奎章閣有旨取國史閱之左右舁匱以往院長貳無敢言呂思誠在末僚獨跪閣下爭曰國史紀當代人君善惡自古天子無觀閱之者事遂寢 元史本傳

天曆三年贍思入爲應奉翰林文宗召對奎章閣 元史本傳

文宗御奎章日學士虞集博士柯九思常侍從以討論法書名畫爲事時授經郎揭傒斯亦在列寵眷稍踈因潛著一書曰奎章政要以進 輟耕錄

天子在奎章閣有獻文石者平直如砥厚不及寸其陽丹碧光彩有雲氣人物山川屋邑之形狀自然天成非

工巧所能摹儗其陰漫理紫潤可書可鐫有勑命臣集記諸而攻材製匠廓楦以爲屏焉 道園學古錄

奎章閣有靈壁石奇絶名世御書其上曰奎章𤣥玉 同上

虞集詩禹貢收浮磬堯階望𢑴雲自天承雨露拔地起絪緼擊拊磬音合衡從玉兆分巨鼇三島力威鳳九苞文辨位資乾坎爲山塡幅員固知典寶藏不暇運神斤書帙侵春潤香爐借宿薰烟光晴冉冉波影晝沄沄融結由元化登崇荷聖君瑞于龜出洛重若鼎來汾柱立尊皇極磐安廣帝勛詎云陳秘玩因願獻前聞 同上

薩都剌奎章閣感興奎章三月文書靜花落春深鎖閤門玉座不移天步遠石碑空有御書存 薩天錫詩集

楊維楨宮詞海內車書混一時奎章御筆寫烏絲朝來中使傳宣急南國宮娥拱鳳池 復古詩集

周憲王元宮詞奎章閣下文辭盛太液池邊游幸多南國女官能翰墨外間抄得竹枝歌海宴河淸罷虎符閑觀翰墨足歡娛內中獨召王淵畫仿得黄筌孔雀圖 誠齋新錄

陳旅羣玉內司華直題名記天曆二年作奎章閣于興聖殿西於以稽古而怡神焉故凡皇祖寶訓暨諸載籍與夫玩好之珍率於是乎在至順元年置羣玉內司以掌之司設監司一員司尉一員亞尉二員僉

司二員司丞二員典簿一員又設給使八人司隸四人留守張金界奴作直舍于閣之旁侍書學士虞集扁曰華直監司巙巙請于上詔臣旅爲記（安雅堂集）

魏郡宋知古工爲竹石有進于明宗者明宗語左右曰此眞士大夫之筆天曆中爲藝文監照磨京師人名其竹爲勑賜士大夫竹（應菴隨錄）

朱萬初善製墨純用松烟蓋取三百年摧朽之餘精英不可泯者用之非常松也天曆乙巳開奎章閣選儒臣侍翰墨榮公存初康里公子山皆侍閣下以萬初所製墨進大稱旨得祿食藝文館（堯山堂外紀）

至正元年改奎章閣爲宣文閣藝文監爲崇文監時周伯琦爲宣文閣授經郎教戚里大臣子弟每進講輒稱旨日備顧問帝以伯琦工書法命篆宣文閣寶仍題扁宣文閣及摹王羲之所書蘭亭序智永所書千文刻石閣中自是累轉官皆宣文崇文之間而眷遇益隆矣（元史本傳）

至正間初改奎章閣爲宣文朝臣咸謂必命巙巙書榜是時周伯琦雖在館閣精篆書而未爲上所知巙巙曰令篆書宣文閣榜十數紙周不識其意一日有旨命巙巙書宣文閣榜巙巙言臣所能者眞書不古古莫如篆朝廷宣文閣用篆書爲得體周伯琦篆書今世無過之者上如其言召伯琦書下筆稱旨由是進用前輩臨事明于大體引拔人才委曲成就之如此（天都載）

今上皇帝得智永千文命近臣摹勒刻置宣文閣中所

拓墨本從官之有文學者則識以宣文閣寶而賜之圭齋集

仁宗嘗命管夫人書千字文勅玉工磨玉軸送秘書監裝池收藏又命子昂書六體爲六卷子雍亦命書一卷且曰令後世知我朝有善書婦人且一家皆能書也尭山堂外紀

宣文閣旁有秘密堂大都宮殿考

張昱輦下曲似將慧日破愚昏白晝如常下釣軒男女傾城求受戒法中秘密不能言張光弼詩集

周憲王元宮詞安息薰壇建衆魔聽傳秘密許宮娥自從受得毘盧咒日日持珠念那摩誠齋新錄

生料庫在學士院南又南爲鞍轡庫又南爲軍器庫又

南爲庖人牧人宿衛之室藏珍庫在宮垣西南闕制度並如酒室惟多盝頂半屋三間庖室三間輟耕錄

日下舊聞卷四終

日下舊聞卷四補遺

宮室二

國初序朝執政大臣謂之擎天班玉堂清署謂之煥璧班言官法司謂之劍鍔班外戚謂之椒蘭班親王謂之瓊枝班功臣將帥謂之豹首班其餘朝臣謂之隨班解酲語

永嘉王振鵬畫妙在界畫運筆和墨毫分縷析左右高下俯仰曲折方圓平直曲盡其體而神氣飛動不爲法拘嘗爲大明宮圖以獻世稱妙絕研北雜志

王褘興龍笙頌并序惟世祖皇帝統一函夏功成治定乃肇置大樂以用諸朝廷其器有曰興龍笙者實上所自作或曰西域之所獻而天子加損益焉者也

其制爲管九十列爲十五行每行縱列六管其管下植於匱中而匱後鼓之以韛自匱足至管端約高五尺仍鏤版鳳形繪以金采以圍管之三面約廣三尺加文飾焉凡大朝會則列諸軒陛之間與衆樂並奏每用樂工二人一以按管一以鼓韛以達氣出聲以叶衆音而樂之奏成矣其制之宏鉅歷古所無誠足以章顯功德垂示永世而學士大夫顧未嘗摛藻掞辭以形容盛美非闕典歟臣愚不揣微賤輒爲之頌雖不敢儗諸時邁執競桓賚之列蓋庶幾漢世樂府之遺意焉其詞曰巍巍聖元龍興朔土於皇世皇誕統區宇南諧北燮東賓西旅聿昭聖文丕布神武寶曆是膺玉燭爰撫德龐功隆超軼今古乃章功德乃

立樂府乃作雅笙厥制維鉅嶰谷掄材后夔審矩列管九十如簫斯竪管以匱植匱由鞴鼓鞴動氣應手按聲吐抑抐擫擩牽連絡組高五尺餘廣三尺許黃鍾本宮蕤賓叶呂清不過商細不逾羽變聲振厲鳳韻紆紆妙音之達蕭寥容與有如臣子仰事君父臣聲之暢雄渾包溥有如圓穹覆冒海寓抑揚合調闔闢諧譜唱和章夏導揚韶濩大音斯完神人樂胥王會之辰穆穆帝所天臨黼座雲聯華籥仙仗旣班大樂爰舉朱干玉戚崇牙龍虡鐘鏞琵琴亦有柷敔於維茲笙獨貫樂部鈞天普奏九成咸序四靈畢來百獸率舞陋哉斯制生俚淫蠱箜篌箏築於律何取傒今之制孰盛敢伍微臣作頌式配有替於萬斯年仰

憲皇祖 王忠文公集

無名氏興隆引龍馬負圖鴛鸞筵羽後從揚戈前驅負弩平秦下隴收吳定楚握乾符撫安中土疆宇大過前古 中和樂章

昆田謹按此曲疑卽興隆笙所奏樂章也

高麗忠烈王十八年八月遣郞將秦艮弼押呪人巫女如元帝召之也九月帝御紫檀殿引見世子令呪人巫女等入殿執帝手足呪之帝笑 高麗史世家

高麗世子如元謁帝便殿問讀何書對曰有師儒鄭可臣閔漬從行宿衛之暇時從質問孝經論語帝悅命世子引與俱入賜坐問本國世代相傳之序理亂之跡風俗之宜聽之不倦其後命公卿議征交趾又召與同議

二人對稱旨於是授可臣翰林學士漬直學士東國史畧
帝召見世子於紫檀殿可臣從帝使之坐仍命脫笠曰秀才不須編髮宜着巾御案前有物大圓小銳色潔而貞高尺有五寸內可受酒數斗云摩訶鉢國所獻駱駝鳥卵也帝命世子觀之仍賜世子及從臣酒命可臣賦詩可臣獻詩云有卵大如甕中藏不老春願將千歲壽釀及海東人帝嘉之輟賜御羹高麗史列傳

昆田謹按高麗世子即忠宣王璋嘗搆萬卷堂于京師者可臣在東國撰千秋金鏡錄續增修之曰世代編年節要七卷又撰本國編年綱目四十二卷惜其書不可得見也

延祐五年四月二十七日上御嘉禧殿集賢大學士臣邦寧大司徒臣源進呈農桑圖上披覽再三問作詩者何人對曰翰林承旨臣趙孟頫作圖者何人對曰諸色人匠提舉臣楊叔謙上嘉賞久之人賜文綺一段絹一段松雪齋集

仁宗即位授王壽衍靈妙眞常崇教眞人召詣闕賜見嘉禧殿固辭不敢稱眞人延祐甲寅改授弘文輔道粹德眞人給銀印章視二品陛辭日上御嘉禧殿賜坐與語移時以字稱之曰眉叟王忠文公集

李宮人善琵琶至元十九年以良家子入宮得幸比之王昭君至大中入事興聖宮緣有足疾乃得賜歸侍母給內俸如故秋宜集

琵琶形製不同唐裴神符趙璧所彈五絃史盛六絃鄭喜子七絃北齊李愔李德忱所造八絃郭侃破西戎得七十二絃琵琶然運撥之工初不係絃之多寡也昔人工此者數呂阿或作荷香楊太眞段師善本裴興奴元世祖時有李宮人最擅此技揭曼碩袁伯長王繼學皆爲作詩繼學所謂一曲六么天上譜者當屬四絃舊製楊廉夫元宮詞云北幸和林幄殿寬句麗女侍倢伃官君王自賦昭君曲勅賜琵琶馬上彈按鄭仁趾高麗史樂志所載樂品琵琶絃五則倢伃所彈斯五絃矣元制歲責高麗貢美女故張光弼輦下曲云宮衣新尚高麗樣方領過腰半臂裁竊疑明初猶沿元制未改此孝陵有碽妃長陵有權妃也韞光樓雜志

袁桷李宮人琵琶行先皇金輿時駐蹕李氏琵琶稱第一素指推卻春風生行雲停空駐晴日居庸舊流水浩浩湯湯亂人耳龍岡古松聲寂寂歷歷不足聽天鵝夜度孤鴈響露鶴唳月哀猨驚鵾絃水晶絲龍柱珊瑚枝願上千萬壽復言長相思廣寒殿冷芙蕖秋簇金鵰袍香不留望瀛風翻浪波急興聖宮前斂容立花枝羞啼蝶旋舞別調分明如欲語憶昔從駕三十年宮壺法錦紅茸氈駝峯馬湩不知數前部聲催檀板傳長樂晝濃雲五色侍宴那嫌頭漸白禁柳慈烏飛復翾爲言返哺明當還朝進霞觴辭輦道母子相對猶朱顏君不聞出塞明妃恨難贖請君換譜廻鄉曲清容居士集

王士熙李宮人琵琶引瓊花春島百花香太液池邊夜色凉一曲六幺天上譜君王曾進紫霞觴又一入深宮歲月長承恩曾得侍昭陽檀槽按得新翻曲五色雲中落鳳凰 宋元詩會

揭傒斯李宮人琵琶行茫茫青冢春風裏歲歲寒風吹不起傳得琵琶馬上聲古今只有王與李李氏昔在至元中少小辭家來入宮一見世皇稱絕藝珠歌翠舞忽如空君王豈為紅顏惜自是衆人彈不得玉觴未舉樂未停一曲便覺千金值廣寒殿裏月流輝太液池頭花發時舊曲未終新解譜新聲萬變總相宜三十六年如一日長得君王賜顏色形容漸改病相尋獨抱琵琶空歎息興慶宮中愛更深承恩始得遂歸心時時尚被宮中召強理琵琶絃上音琵琶調終聲轉澀堂上慈親還竚立回看舊賜滿床頭落花

飛絮春風急 秋宜集

天曆初政收攬賢能丞相高昌王以都護舉陳思謙時年四十矣召見興聖宮 元史本傳

上方御用文學開奎章閣置學士員立藝文監以治書籍設藝林等庫任摹印將大修聖賢經傳之說以為成書知名之士多見進用自中朝至於外方金石之錫承詔撰作幾無虛日 東山集

揭公傒斯延祐元年以布衣入翰林為國史院編修官天曆二年文宗聚勳戚大臣子孫於奎章閣教之命學士院擇可為之師者無以易公乃擢公授經閣在興聖

殿西公早作必徒步先諸侍臣而至諸貴游受業者合謀錢爲貰馬公微聞之乃自置一馬尋復鬻之示不欲以已爲人累也 黄文獻公集

揭傒斯在奎章時上覽所撰秋官憲典驚曰兹非唐律乎又覽所進太平政要四十九章喜而呼其字以示臺臣曰此授經郎揭曼碩所進卿等試觀之其本嘗置御榻側 圭齋集

天曆初李泂以待制召於是文宗方開奎章閣延天下知名士充學士員泂數進見奏對稱旨超遷翰林直學士俄特授奎章閣承制學士泂既爲帝所知遇乃著書曰輔治篇以進文宗嘉納之 元史本傳

仙居柯九思遇文宗于潛邸及即位置奎章閣特授學士院鑒書博士凡内府所藏法書名畫金石彛彞之器咸命鑒定賜牙章得通籍禁署 稗史集傳

奎章閣壁有宋徽宗畫承平殿曲宴圖并書自製曲宴記 研北雜志

大臣議罷先朝所置奎章閣學士院及藝文監諸屬官康里巙巙進曰民有千金之産猶設家塾延館客豈富有四海一學房乃不能容耶帝聞而深然之即日改奎章閣爲宣文閣藝文監爲崇文監存設如初就命巙巙董治 元史本傳

皇帝九年制作宣文閣於大明殿之西北萬幾之暇御閣閱經史以左右儒臣爲經筵官日侍講讀 環谷集

宣文閣勒石榻本皇帝以賜文臣之在左右者浦陽鄭

深時爲授經郎兼經筵譯文官故得與焉草書凡三百七十字眞書凡三百五十五字 黟南集

皇帝即阼十有七年爲至正九年冬詔以皇子春秋日長宜親師就傅以知學拜諭德贊善各一員文學二員仍命以翰林學士直學士待制兼其職復置正字司經各二員即興聖宮西偏故宣文閣改曰端本堂以爲肄學之所廼十一月九日皇子始就學其禮皇子坐於皇帝位之右而左向其左設師傅之位諭德以下以次左坐而右向復置几其間以奠裕宗皇帝所誦聖典比授經則别設授讀位司經正字執經導皇子及諭德以下選爲伴讀者凡十八人 王忠文公集

順帝開端本堂命皇太子入學以右丞相脫脫大司徒

雅不花知端本堂事而命李好文以翰林學士兼諭德好文取史傳及先儒論説關治體協經旨者倣眞德秀大學衍義之例爲書十一卷名曰端本堂經訓要義奉表以進詔付端本堂命太子習焉 元史本傳

皇太子習大書端本堂上命庋其所書記之於籍或以賜近侍宫臣則錄所賜人姓名而登載之 圭齋集

金華張樞子長取三國時事撰漢本紀列傳附以魏吳載記爲續後漢書七十三卷朝廷取其書寘宣文閣 元史隱逸傳

烏古孫良楨爲詹事院副詹事每直端本堂進正心誠意之説親君子遠小人之道皇太子嘉納焉 元史本傳

王禕端本堂頌興聖之宮皇帝攸居前殿後閣東西

萬廬有翼者堂在殿西廡厥堂何爲皇子來處維時皇子是爲國本以承宗社繼體維謹輔養聖功貴早有圖猶本在木必培其初皇帝曰嘻汝其就學前謨往訓用益汝覺皇子敬恭來處于堂發文贖典以莫不彰良傅碩師左右挈提吉人正士前導後規仁義之原成敗之迹經史在列式受敷繹廣夏細旃諷誦從容狗馬聲色靡接於躬日就月將適觀緝熙朝斯夕斯聖敬並躋前星有光于以增之少海既潤于以凝之國本既端國本斯定神器有歸祇迓天命乾健而正離繼而明規重矩疊丕開太平稽諸歷代亦有遐則博學之置承華之闢處有非地厥效乃卑維今端本孰盛與京巍巍我元葉萬年億曆祚延洪係在今日於維斯堂擁休蓄靈邦家之基永永是徵 王忠文公集

文宗開奎章閣自寫閣記甚有晉人法度雲漢昭回非臣庶所能及也 書史會要

袁桷興聖宮上梁文旭日蒼龍聳帝京之積翠層霄彩鳳流阿閣之霏煙巍成少廣之居盛極東朝之禮陛下孝嚴溫凊敬謹膳羞謂神游泰初當廣夔儀之宇而養以天下益新長樂之宮庶民子來百堵皆作彩宇周遭于禁雉寶華流曳于騄鑾匠石繕完蓍龜告吉舉修梁于地上川岳無譁成巨搆于城中雲霞得色敢伸善頌庸贊昌辰 清容居士集

朶爾直班在經筵采前賢遺言類次爲書凡四卷帝覽

而善之賜名治原通訓藏于宣文閣元史本傳

大德五年嘉興張樞以官本船浮海至西洋遇親王合贊所遣使臣那懷等如京師遂載之以來那懷等朝貢事畢請仍以樞護送西還丞相哈剌哈孫荅剌罕如其請奏授忠顯校尉海運副千戶佩金符與俱行以八年發京師十一年乃至其登陸處用私錢市其土物白馬黑犬琥珀蒲萄酒蕃鹽之屬以進平章政事察那等引見于宸慶殿黄文獻公集

元建國曰大元取大哉乾元之義也建元曰至元取至哉坤元之義也殿曰大明曰咸寧門曰文明曰健德曰雲從曰順承曰安貞曰厚載皆取諸乾坤二卦之辭也其建國號詔曰誕膺景命奄四海以宅尊必有美名紹

百王而繼統肇從隆古匪獨我家且唐之爲言蕩也堯以之而著稱虞之爲言樂也舜因之而作號馴致禹興而湯造亦名夏大以殷中世降以還事殊非古雖乘時而有國不以義而制稱爲秦爲漢者蓋因初起之地名曰隋曰唐者又即始封之爵邑是皆徇百姓見聞之狃習要一時制作之權宜槩以至公得毋少貶我太祖聖武皇帝握乾符而起朔土以神武而膺帝圖肆振天聲大恢土宇輿圖之廣歷古所無頃者耆宿詣庭奏章申請謂既成于大業宜早定夫鴻名在古制以當然于朕心乎何有可建國號曰大元大冶流形于庶品孰名資始之初一人底寧于萬邦尤切體仁之要事從因革道協天人於戲稱義而名固匪爲之溢美孚休惟永尚不

頁于投艱嘉輿敷天共隆大號咨爾有衆體予至懷至元八年十一月日 西濛野記

昆田謹按元之建國建元以及宮門之名多取易乾坤之文顧於二卦之外若屯蒙師剝䜌困睽革漸升无妄大小過禁羣臣箋表不得用用則駁之應廻避者凡一百七十九字載諸典章然如仙靈歸化泉陵等字皆在所禁而州縣名犯此極多不知當日作何廻避也

皇太后命改隆福宮名他學士擬光被趙公孟頫擬光天他學士曰光天二字出陳後主詩不祥公曰帝光天之下出虞書何名不祥於是各書所擬以進卒用光天

楊仲弘集

趙孟頫宮詞二首日照黃金寶殿開雕闌玉砌擁層臺一時侍衛囬身立天步將臨玉斧來殿西小殿號嘉禧玉座中央靜不移讀罷經書香一炷太平天子政無爲 松雪齋集

汪克寬宣文閣賦鰲極立兮時雍四海一人兮車書同作神京於燕薊貫北辰乎天中懿聖皇之御極煥離明以當空復至元之盛治繩神武而丕隆淳風沕穆膏澤涵洪文燄烜赫乎扶桑崦嵫之域仁聲駁沓乎濮鉛祝栗之封旣而乾符昭陳坤珍聿錫文德誕敷皇圖廣闢建傑閣乎中霄屹大明之西北揭宣文之嘉名示弘摹於萬億爾乃準小泉悏鴻基公輸獻

巧匠石殫思陶人運其埏埴玉工效其雕幾豫章松栢剪千尋之夭矯金辟銀鏤致萬里之瓌奇斧斤振鏗鍧之韻礱斲極精緻之宜四方子來經之營之羌不日而告成儼崔嵬而峗巍觀夫岧嶤嵯峨崛岉環譎搆複桷而重欄邈希世而特出麗不踰奢儉不及質琁題翠甍崩緡綾而龍鱗蛟吻踶甍奐翬飛而跂翼綺疏鏤列錢之玲瓏藻井棨菱荷之繪飾玉瑠璧英灑護而夌亂隋珠明月照耀而恍惚瓊戶耀乎尹之璀錯金鋪响連環之複叠棁蠱嵥而星懸 拱衙縱而斗折枝掌杈枒而斜據芝栭攢羅而戢脅曲折要紹而環句層櫨礫佹而岌嶪交龍纏桷橫飛龍之栥棟雙蜺蟠礎聳擎天之柱石朱楣結曲而縈迴鉛

砌晶縈而煒燁蘸垣流丹以周繚翠栢樛枝而行立於是聖皇駕玉輅張龍旂展乎國容輝乎皇儀望舒陪乘左馭屏翳道夫前馳鳴和鸞之鏗鏘服袞龍之陸離御斯閣以問道闡經幄之弘規帝幕高懸天顏孔怡列儒緋而進讀對黼扆之嚴威舒緗帙之蟬蠹擴六籍之精微咏仁咀義聆天語於羲昊言溫氣和陳古道於皋夔殫詞臣之忠藎恢聖學之緝熙內府頒奇珍於翠釜上方瀉甘醴於玉巵和氣春融起天庭之黃色文星環拱映帝座之清輝想夫聖躬聽講之餘臨眺倚徙接羲娥之耿光納穹堮於無際東望則延春之閣崔嵬崢嶸橫絕天半宵邈觚稜西瞰玉德秘殿璃曜月朗渺太液之輕漪涵天光而泓瀁北

瞻則萬歲之山嵥嶫嶕峰崖洞谽谺草木蒼鬱南眎
家魏峕嶺朱闕巉嵓嵬黄道之啓途列閶闔之九關
猗歟休哉卓彼斯閣曠古曷耦奠億代之基圖闢八
紘之戶牖萃鴻碩以講劘稽典墳於蝌蚪於以廣睿
覽之明極乎有截之垓埏廓聖德之聰達乎無垠之
宇宙思昔石渠天祿徒以貯簡編之糟粕麒麟凌烟
秖以圖羽翼之英雄曷若聖皇之制作宣人文於萬
代致文治於無窮彼弘文館聚四部之輿傳白虎觀
辨五經之異同又烏足與聖世而比隆也哉迺舞蹈
而歌之曰於穆聖皇亶聰明兮雲漢昭回昭萬方兮
嘉惠兆人臻羲唐兮傑閣中天討憲章兮鵷鷺章逢
侍帝旁兮載稽典訓研籀倉兮治功彌隆追虞唐兮

人文宣朗貽億萬世而無疆兮 懷谷集

劈正斧斲蒼玉爲之長徑九寸有幾厥之亦滿六寸頦
上畧齟齬之中堅厚二寸強龍首呀吻亦齒于口作兩
叚吞苔腦與亦通以柯貫之上以雙蟠螭冐其端下以
二束瑑承其窾華潤緻密無徵疵可擿眞秘寶也天子
正衙朝會命冕者執之中立古人納君于正去邪勿疑
之義也 秋澗集

洪武元年冬十月碎元水晶宮漏 徵吾錄

司天監進元主所製水晶宮漏備極機巧中設二木偶
人能按時自擊鉦鼓上覽之謂侍臣曰廢萬幾之務而
用心於此所謂作無益害有益也使移此心以治天下
何至滅亡命左右碎之 明卓異記

至元庚辰十有一月三日建宣文閣詔周伯琦篆題閣牓及閣寶明年改元至正正月廿日特命爲授經郎先是學舍在宮門外隘陋弗稱於是有旨以玉德宮之西殿爲學宿衛官等二十五人行弟子禮 近光集

周伯琦承詔篆題宣文閣牓作詔題宮牓號宣文延閣山儲畫典墳自昳蟲魚箋爾雅敢將蚍蜉擬凌雲明經重席從今是妙選登瀛在昔聞比屋可封知有日經天緯地屬吾君 同上

文奉詔以玉德殿西室爲宮學詩學校尊崇盛典揚詔遷玉德殿西廊大官供帳調珍膳內相傳宣飲御觴授業慚無師道立明倫喜見國家昌皇風即日還三代杞梓梗柟盡棟梁 同上

陳孚出順承門作又騎官馬過中原袖有芝泥御墨痕蹟海孤臣天咫尺五雲回首是都門 交州藁

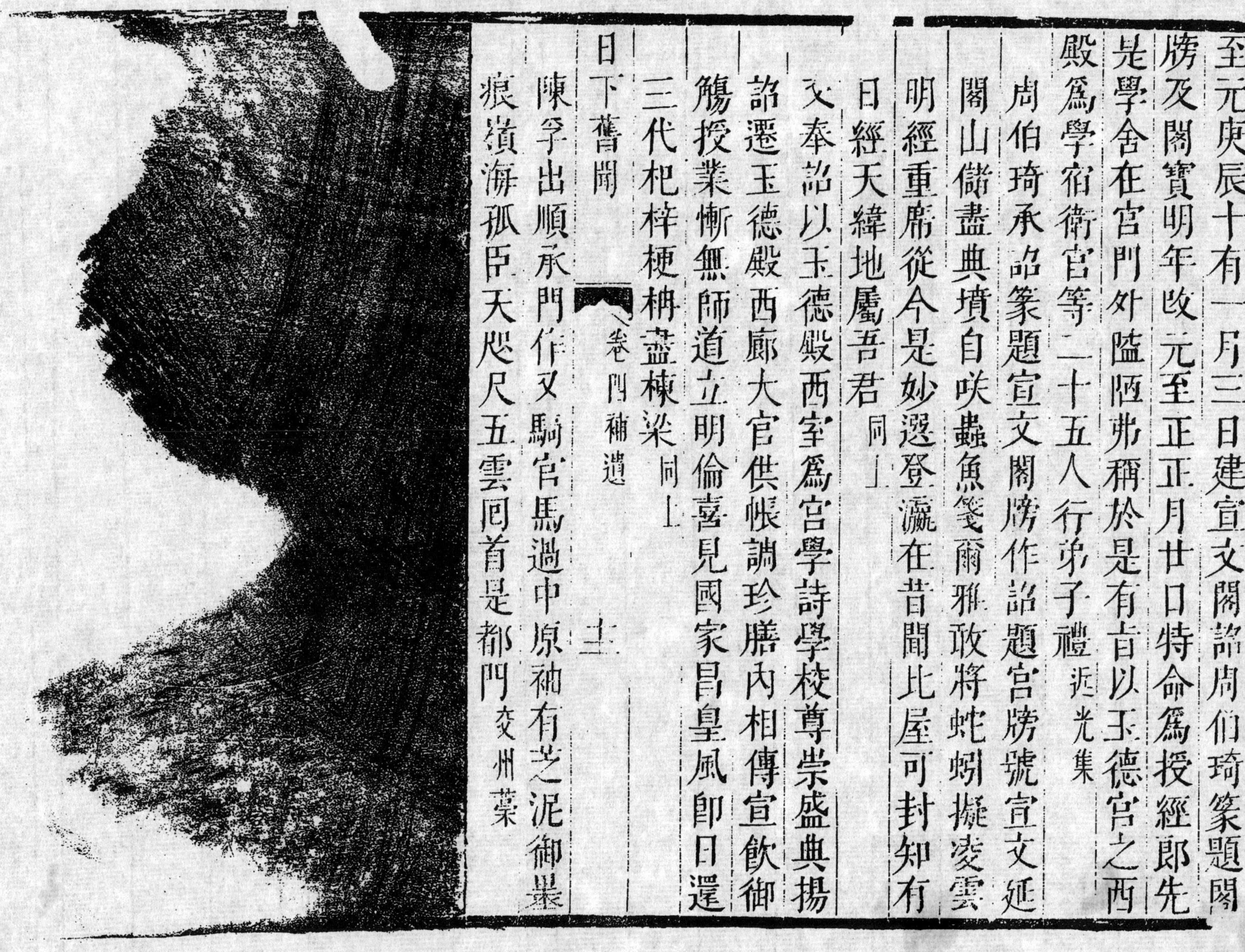